Judith Krasselt-Maier

Luther: Gottes Wort und Gottes Gnade

Bausteine für den Religionsunterricht in der Sekundarstufe II

Vandenhoeck & Ruprecht

Martin Luther – Leben, Werk und Wirken

Herausgegeben von Michael Wermke und Volker Leppin

Mit 7 Abb. und Kopiervorlagen

Bibliographische Information der Deutschen Nationalbibliothek

Die Deutsche Nationalbibliothek verzeichnet diese Publikation in der Deutschen Nationalbibliografie; detaillierte bibliografische Daten sind im Internet über http://dnb.d-nb.de abrufbar.

ISBN 978-3-525-77005-4
ISBN 978-3-647-77005-5 (E-Book)

Umschlagabbildung: akg-images
Bibelzitate: Lutherbibel, revidierter Text 1984, durchgesehene Auflage in neuer Rechtschreibung
© 1999 Deutsche Bibelgesellschaft, Stuttgart

Inhalt

Baustein 1:
Die Rechtfertigungslehre —
Zentrum des christlichen Glaubens

1. Kirchengeschichtliche Einführung

Die Rechtfertigungslehre bildet die Mitte evangelischer Theologie. Martin Luthers zentrale theologische Erkenntnis lässt sich besonders eindrücklich in seiner kleinen 1520 entstandenen Schrift ‚Von der Freiheit eines Christenmenschen' nachlesen. Sie gehört heute zu den bekanntesten Veröffentlichungen Luthers. Im Wissen um den drohenden Kirchenbann formulierte der Reformator einerseits in lateinischer Sprache für Papst Leo X. und andererseits in deutscher Sprache für den lesekundigen Priester und Laien.

Luther beginnt seine Ausführungen mit zwei berühmt gewordenen und auf den ersten Blick paradoxen Thesen: „Ein Christenmensch ist ein freier Herr über alle Dinge und niemand untertan." Ein Christenmensch ist ein dienstbarer Knecht aller Dinge und jedermann untertan. Im weiteren Verlauf der Schrift werden diese dann entfaltet. Im ersten Teil veranschaulicht Luther sehr eindrücklich sein Verständnis von der Rechtfertigung des Sünders allein aus Gnade und durch den Glauben. Er verwendet dafür die aus der Antike stammende und im Spätmittelalter wieder aufgenommene Unterscheidung von innerem und äußerem Menschen sowie die aus mystischer Tradition stammende Metapher der Ehe von menschlicher Seele und Christus. Gott erlöst den Menschen und befreit ihn von innerweltlichen Zwängen und Abhängigkeiten. Gleichwohl, so führt Luther im zweiten Teil aus, drängt es den durch Christus erneuerten Menschen ganz von selbst

danach, diese Freiheit positiv zu füllen und gute Werke an seinem Nächsten zu tun.

Anlässlich des 500. Geburtstages von Martin Luther illustriert Michael Prechtl mit bildnerischen Mitteln die Rechtfertigungslehre. Er veranschaulicht insbesondere den für Luther entscheidenden Gedanken des simul justus et peccator, des gleichzeitigen Sünder- und Gerechtfertigtseins des Menschen.

Am Reformationstag 1999 unterzeichnen an geschichtsträchtigem Ort in Augsburg ranghohe Vertreter des Lutherischen Weltbundes und der römisch-katholischen Kirche die Gemeinsame Erklärung zur Rechtfertigungslehre (GER) und die vereinbarten Zusatzdokumente (die Gemeinsame Offizielle Festlegung und den Annex). Nach jahrelangen intensiven Gesprächen und vielen kritischen Stimmen auf beiden Seiten bekunden Lutheraner und Katholiken nunmehr offiziell ihren Konsens in den Grundwahrheiten der Rechtfertigungslehre, die im 16. Jahrhundert einst Ausgangspunkt für das Zerbrechen der Einheit der abendländischen Kirche gewesen ist. Im Jahre 2006 stimmte der Weltrat der methodistischen Kirche der Erklärung zu. Ihre Gliederung folgt dem Prinzip des sogenannten differenzierten Konsenses. Sie formuliert zunächst das gemeinsame Bekenntnis und benennt anschließend Verständnisnuancen in den beiden Konfessionen. Gegenseitige Lehrverurteilungen in den lutherischen Bekenntnisschriften und in den Trienter Konzilsakten (1545–1563) verlieren damit ihre Gültigkeit.

Inwieweit die Gemeinsame Erklärung tatsächlich, so wie sie selbst es als Hoffnung formuliert, ein Schritt auf dem Weg der Wiederherstellung einer neuen Kirchengemeinschaft sein wird, lässt sich heute noch nicht beurteilen. Sie zeigt aber eindrücklich, dass die biblische Rechtfertigungsbotschaft ein Schlüsselthema für den christlichen Glauben in beiden Konfessionen ist und ihre zeitgemäße Vergegenwärtigung eine bleibende Aufgabe darstellt.

2. Lektürehinweise

Martin Brecht, Martin Luther. Bd. 1, Stuttgart [3]1990, 333–412.

Volker Leppin, Martin Luther, Darmstadt 2006, 151–170.

Unter dem Horizont der Gnade. Ökumenische Arbeitshilfe zum 10. Jahrestag der ,Gemeinsamen Erklärung zur Rechtfertigungslehre', Hannover, Paderborn, Frankfurt am Main 2009.

3. Didaktisch-methodischer Kommentar

Das Nachdenken über die Relevanz der Rechtfertigungslehre heute bildet den Rahmen des Bausteins. Die SuS erarbeiten sich Grundwissen über das Verständnis von Rechtfertigung bei Martin Luther. Sie erkennen deren zentrale Bedeutung für den christlichen Glauben (aller westlichen Kirchen) bis zum heutigen Tag. (Sie vergleichen Auszüge aus Luthers Schrift ,Von der Freiheit eines Christenmenschen' aus dem 16. Jahrhundert mit Teilen der ,Gemeinsamen Erklärung zur Rechtfertigungslehre' von 1999.)

M 1: Rechtfertigung – eine ,Gute Nachricht' für heute?

Die Fragen führen die SuS von ihrer Lebenswelt ausgehend in das Thema ein und stellen zugleich einen Bezug zu Luthers Antwortsuche im 16. Jahrhundert her. Sie verweisen auf die bleibende Aktualität dessen, was mit dem für SuS schwierigen Begriff ,Rechtfertigungslehre' bezeichnet ist. Die SuS formulieren ihr vorläufiges Verständnis zu Röm 3,28 und werden angeregt, sich intensiver mit Luthers Erkenntnissen auseinander zu setzen. Fragen und Antworten können im Unterrichtsraum visualisiert werden und die Unterrichtseinheit begleiten.

M 2: Martin Luther: ,Von der Freiheit eines Christenmenschen'

Ein erster Lesegang (Aufgabe 1) und das sich anschließende Unterrichtsgespräch dient einerseits dem Verstehen der für die SuS anspruchsvollen Lektüre von Luthers Freiheitsschrift und regt andererseits an, einen Bezug zu ihrer Lebenssituation herzustellen. Die Ergebnisse von M 1 können hier als Impuls dienen. Die Schüler vertiefen ihr Textverständnis, indem Sie in einem zweiten Lesegang zentrale Aussagen des Textes genauer in den Blick nehmen und Zusammenhänge visualisieren (Aufgabe 2–4). In einem dritten Schritt versuchen die SuS die in M 1 ausgewählten Fragen im Sinne Martin Luthers zu beantworten (Aufgabe 5). Ziel ist es, Luthers Ausführungen über die Rechtfertigung des sündigen Menschen durch Christus und sein Freiheitsverständnis gründlich zu bedenken.

M 3: Michael Mathias Prechtl: Martin Luther, inwendig voller Figur

Mit Hilfe der Illustration können die wesentlichen Aussagen von Luthers Freiheitsschrift wiederholt und vertieft werden. Insofern eignet sich das Aquarell auch als Alternative zu M 2 oder als Lernkontrolle (Aufgabe 1 und 2). Es verdeutlicht den dynamischen Charakter des ‚simul justus et peccator‘ (Aufgabe 3). Um einen Bezug zur Lebenswelt der SuS herzustellen, bietet es sich an, die Darstellung des Sünderseins in Form einer Collage zu aktualisieren. Die SuS überkleben Prechtls Kriegsbilder mit Ausschnitten aus Zeitungen und eigenen Zeichnungen.

M 4: Die Gemeinsame Erklärung zur Rechtfertigungslehre des lutherischen Weltbundes und der katholischen Kirche (GER 1999)

Die SuS erarbeiten die Bedeutung der GER für den ökumenischen Dialog zwischen den lutherischen Kirchen und der katholischen Kirche (Aufgabe 1). Der Vergleich mit Luthers Freiheitsschrift und die Erarbeitung biblischer Grundlagen der Rechtfertigungsbotschaft vertiefen das Verstehen der SuS und verdeutlichen den zentralen Stellenwert der Verkündigung von Gottes Gnade für den Menschen (Aufgabe 2 und 3). Beides kann auch als Lernkontrolle dienen. Abschließend entwerfen die SuS ihre Vision von Kirche, in der die Trennung überwunden ist bzw. Auslegungsunterschiede der Heiligen Schrift nicht zu gegenseitiger Verurteilung führen (Aufgabe 4).

M 5: Rechtfertigung aktuell und persönlich

Die Zitate sollen die SuS zu einer Stellungnahme über die Bedeutung der Rechtfertigungslehre für ihr Leben hier und heute anregen. Die Statements können anschließend vorgetragen und (evtl. anonym) im Klassenzimmer ausgehangen werden. Alternativ können je zwei SuS einen Dialog schreiben, in dem sie sich über die Bedeutung der Rechtfertigungslehre austauschen.

M1 | Rechtfertigung – eine ‚Gute Nachricht' für heute?

1   Sind das denn etwa keine vertrauten modernen Fragen, etwa:
Wer bin ich eigentlich? Sind wir nur das, was wir leisten? Sind wir nur das, was wir gut machen?
Wer bewahrt mich vor der Verzweiflung angesichts des wenigen Guten, das wir tun können, und
angesichts der Übermacht des Bösen? Sind wir in unserer Würde abhängig von dem, was die an-
5   deren von uns denken und urteilen? Sind wir darauf angewiesen, uns unter allen Umständen
die Anerkennung durch die Anderen zu verschaffen, damit wir „wir selbst" sein können? Wer er-
rettet mein Leben aus Sinnlosigkeit, Überflüssigkeit, Zufälligkeit, Leid und Tod? Sind wir mit unserem Tod eine austauschbare Nummer im Fortgang der Menschheitsgeschichte geworden, an
die sich bald niemand mehr erinnert? Oder sind wir bejaht, geliebt, gewollt vor all unserer „Leis-
10   tung" und trotz unseres Versagens? Können wir sein, wie wir sind, gleichviel, was die Leute über
uns reden? Hat da jemand, aus dessen Hand wir nicht fallen können, noch ein Wort über uns, wo
alle anderen verstummen?

aus: Otto Hermann Pesch, Die ‚Gemeinsame Erklärung zur Rechtfertigungslehre' Entstehung –
Inhalt – Bedeutung – Konsequenzen. Vortrag in der Karl Rahner Akademie Köln vom 13. Januar 1998, 16.
(www.muenster.de/~angergun/gemeinsamerkl.html)

Röm 3,28

So halten wir nun dafür, dass der Mensch gerecht wird ohne des Gesetzes Werke, allein durch
den Glauben.

1. Markieren Sie diejenigen Fragen, die Sie besonders ansprechen, und versuchen Sie,
   eine erste Antwort zu formulieren.

2. Tauschen Sie sich über ihre Antworten aus und halten Sie wichtige Aussagen fest.

3. Der Vers aus dem Römerbrief war zu Beginn des 16. Jahrhunderts für Martin Luther die
   befreiende Antwort auf ähnliche ihn bedrängende Fragen. Prüfen Sie, welche Antwort
   er heute geben könnte. Welche Fragen bleiben offen?

Die Rechtfertigungslehre – Zentrum des christlichen Glaubens

1 Zum Ersten: Damit wir gründlich erkennen können, was ein Christenmensch sei und wie es um die Freiheit beschaffen sei, die ihm Christus erworben und gegeben hat, wovon Paulus viel schreibt, will ich diese zwei Leitsätze aufstellen:

Ein Christenmensch ist ein freier Herr über alle Dinge und niemand untertan.

5 Ein Christenmensch ist ein dienstbarer Knecht aller Dinge und jedermann untertan.

Diese zwei Leitsätze sind klar: Sankt Paulus, 1Kor 9,19: „Ich bin frei in allen Dingen und habe mich eines jedermanns Knecht gemacht", ebenso Röm 13,8: „Ihr sollt niemand etwas schuldig sein, außer dass ihr euch untereinander liebet." Liebe aber ist dienstbar und untertan dem, was sie lieb hat. So (heißt es) auch von Christus, Gal 4,4: „Gott hat seinen Sohn gesandt, geboren von

10 einer Frau, und dem Gesetz untertan gemacht."

Zum Zweiten: Um diese zwei sich widersprechenden Reden von der Freiheit und von der Dienstbarkeit zu verstehen, müssen wir bedenken, dass jeder Christenmensch von zweierlei Natur ist: geistlich und leiblich. Im Blick auf die Seele wird er ein geistlicher, neuer innerlicher Mensch genannt, im Blick auf Fleisch und Blut wird er ein leiblicher, alter, äußerlicher Mensch ge-

15 nannt. Und um dieses Unterschiedes willen werden von ihm in der Schrift Dinge ausgesagt, die geradewegs gegeneinander stehen, wie ich es jetzt hinsichtlich Freiheit und Dienstbarkeit gesagt habe.

Zum Dritten: Nehmen wir uns den inwendigen, geistlichen Menschen vor, um zu sehen, was dazu gehöre, dass er ein frommer, freier Christenmensch sei und heiße: So ist es klar, dass ihn

20 kein äußerliches Ding fromm und frei machen kann, wie es auch immer heißen mag. Denn seine Frömmigkeit und Freiheit und umgekehrt seine Bosheit und Gefangenschaft sind nicht leiblich noch äußerlich. Was hilft es der Seele, dass der Leib ungefangen, frisch und gesund ist, isst, trinkt, lebt wie er will? Umgekehrt: Was schadet das der Seele, dass der Leib gefangen, krank und matt ist, hungert, dürstet und leidet, wie er nicht gern wollte? Von diesen Dingen reicht kei-

25 nes bis an die Seele, sie zu befreien oder gefangen zu nehmen, fromm oder böse zu machen …

Zum Zehnten: … Deswegen ist leicht zu verstehen, warum der Glaube so viel vermag und dass keine guten Werke ihm gleich sein können. Denn kein gutes Werk hängt so an dem göttlichen Wort wie der Glaube. Es kann auch nicht in der Seele sein, sondern allein das Wort und der Glaube regieren in der Seele. Wie das Wort ist, so wird durch es auch die Seele, so wie das Eisen

30 durch die Vereinigung mit dem Feuer glutrot wie das Feuer wird. So sehen wir, dass ein Christenmensch am Glauben genug hat; er bedarf keines Werkes, dass er fromm sei. Bedarf er keines Werkes mehr, so ist er gewiss von allen Gesetzen und Geboten entbunden; ist er entbunden, so ist er gewiss frei. Das ist die christliche Freiheit, der Glaube allein (der eynige glaub), der bewirkt, nicht dass wir müßig gehen oder übel tun können, sondern dass wir keines Werkes bedürfen,

35 um zu Frömmigkeit und Seligkeit zu gelangen …

Zum Zwölften: Nicht allein gibt der Glaube so viel, dass die Seele dem göttlichen Wort gleich wird, aller Gnaden voll. Frei und selig, sondern er vereinigt auch die Seele mit Christus wie eine Braut mit ihrem Bräutigam. Aus dieser Ehe folgt, wie Sankt Paulus sagt, dass Christus und die Seele ein Leib werden (Eph 5,30). Ebenso werden auch beider Güter, Glück, Unglück und alle

40 Dinge gemeinsam, so dass, was Christus hat, der gläubigen Seele eigen ist, und was die Seele hat, wird Christus eigen. Christus hat alle Güter und Seligkeit: die sind der Seele eigen; die Seele

hat alle Untugend und Sünde auf sich: die werden Christus eigen. Hier erhebt sich nun der fröhliche Wechsel und Streit: Da Christus Gott und Mensch (zugleich) ist, welcher noch nie gesündigt hat, und seine Frömmigkeit unüberwindlich, ewig und allmächtig ist, so müssen die Sün-

45 den in ihm verschlungen und ersäuft werden, wenn er sich die Sünde der gläubigen Seele durch ihren Brautring (das heißt den Glauben) selbst zu eigen macht und nicht anders tut, als hätte er sie getan. Denn seine unüberwindliche Gerechtigkeit ist allen Sünden zu stark. So wird die Seele von allen ihren Sünden nur durch ihre Verlobungsgabe, das ist des Glaubens halber, ledig und frei und mit der ewigen Gerechtigkeit ihres Bräutigams Christi beschenkt. Ist das nun nicht ein

50 fröhlicher Hausstand, wenn der reiche, fromme, edle Bräutigam Christus, das arme, verachtete, böse Mädchen zur Ehe nimmt und sie von allem Übel frei macht, sie mit allen Gütern ziert? So ist es nicht möglich, dass die Sünden sie verdammen, denn sie liegen nun auf Christus und sind in ihm verschlungen. So hat sie so eine reiche Gerechtigkeit in ihrem Bräutigam, dass sie abermals wider alle Sünden bestehen kann, selbst wenn sie auf ihr lägen. Davon sagt Paulus 1Kor 15,57:

55 „Gott sei Dank, der uns einen solchen Sieg in Christus Jesus gegeben hat, in welchem der Tod mit der Sünde verschlungen ist …"

Zum Zwanzigsten: Obwohl der Mensch inwendig nach der Seele durch den Glauben genügend gerechtfertigt ist und alles hat, was er haben soll, außer dass dieser Glaube und dieses genügen immer zunehmen muss bis in jenes Leben, so bleibt er doch noch in diesem leiblichen Le-

60 ben auf Erden und muss seinen eigenen Leib regieren und mit Menschen umgehen. Da fangen nun die Werke an. Hier darf er nicht müßig gehen …

Zum Dreißigsten: Aus dem allen folgt der Schluss: Ein Christenmensch lebt nicht in sich selbst, sondern in Christus und seinem Nächsten, in Christus durch den Glauben, im Nächsten durch die Liebe. Durch den Glauben geht er über sich hinaus bis zu Gott, aus Gott kehrt er wieder un-

65 ter sich zurück durch die Liebe und bleibt doch immer in Gott und göttlicher Liebe, wie Christus Joh 1,51 sagt: „Ihr werdet den Himmel offen sehen und die Engel Gottes hinauf- und hinabfahren auf des Menschen Sohn."

Siehe, das ist rechte, geistliche, christliche Freiheit, die das Herz frei macht von allen Sünden, Gesetzen und Geboten, welche alle andere Freiheit übertrifft wie der Himmel die Erde.

70 Gott gebe uns, das recht zu verstehen und zu behalten!

Amen

Auszug aus: Von der Freiheit eines Christenmenschen, in: Kirchen- und Theologiegeschichte in Quellen, Bd. 3 (Reformation), hrsg. v. Volker Leppin, Neukirchen-Vluyn 2005, 61 f.

1. Kennzeichnen Sie den Text wie folgt: ! = Aussage habe ich verstanden; ? = Hier möchte ich eine Frage stellen; + = Aussage ist in meiner persönlichen Situation wichtig.

2. Markieren Sie mit verschiedenen Farben Aussagen zu folgenden Aspekten: – Rolle des Glaubens – Bedeutung der Werke eines Menschen.

3. Visualisieren Sie den 12. Abschnitt aus Luthers Schrift und erläutern Sie Luthers Verständnis der sog. ‚Rechtfertigung' des Menschen.

4. Versuchen Sie, auf die von Ihnen aus M 1 gewählten Fragen eine Antwort zu geben, wie Martin Luther sie formuliert hätte. Vergleichen Sie mit Ihren Antworten.

5. Visualisieren Sie Luthers Verständnis der ‚Freiheit eines Christenmenschen'. Folgendes Schema kann als Ausgangspunkt dienen. Erläutern Sie anschließend den Zusammenhang zwischen den beiden Ausgangsthesen des Textes.

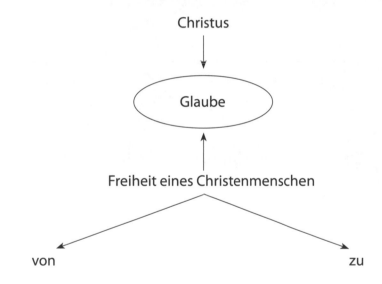

M3 | Michael Mathias Prechtl: Martin Luther, inwendig voller Figur

© Michael Mathias Prechtl: Martin Luther, inwendig voller Figur,
Aquarellzeichnung 1983.

1. Beschreiben Sie das Bild.

2. Ordnen Sie zentrale Sätze des Textes (**M 2**) einzelnen Bildelementen zu.

3. Erläutern Sie, was Martin Luther damit meint, wenn er sagt, der Mensch sei *zugleich* Sünder und von Gott angenommen (simul justus et peccator).

4. Luther hat das Sündersein des Menschen u. a. mit sprachlichen Bildern aus dem Kriegsleben verdeutlicht. Der Künstler greift das auf. Gestalten Sie ausgehend von Prechtls Bild eine aktuelle Collage.

© 2012, Vandenhoeck & Ruprecht GmbH & Co. KG, Göttingen / www.v-r.de

Die Rechtfertigungslehre – Zentrum des christlichen Glaubens

Gemeinsame Erklärung zur Rechtfertigungslehre des Lutherischen Weltbundes und der katholischen Kirche (GER 1999)

1 **Präambel**

(1) Die Lehre von der Rechtfertigung hatte für die lutherische Reformation des 16. Jahrhunderts zentrale Bedeutung. ... Hier lag aus reformatorischer Sicht der Kernpunkt aller Auseinandersetzungen. Es kam in den lutherischen Bekenntnisschriften und auf dem Trienter Konzil[1]
5 der römisch-katholischen Kirche zu Lehrverurteilungen, die bis heute gültig sind und kirchentrennende Wirkung haben. ...

(5) Das will diese Gemeinsame Erklärung tun. Sie will zeigen, daß aufgrund des Dialogs die unterzeichnenden lutherischen Kirchen und die römisch-katholische Kirche nunmehr imstande sind, ein gemeinsames Verständnis unserer Rechtfertigung durch Gottes Gnade im Glauben an
10 Christus zu vertreten. Sie enthält nicht alles, was in jeder der Kirchen über Rechtfertigung gelehrt wird; sie umfaßt aber einen Konsens in Grundwahrheiten der Rechtfertigungslehre und zeigt, daß die weiterhin unterschiedlichen Entfaltungen nicht länger Anlaß für Lehrverurteilungen sind. ...

(15) Es ist unser gemeinsamer Glaube, daß die Rechtfertigung das Werk des dreieinigen Gottes ist. Der Vater hat seinen Sohn zum Heil der Sünder in die Welt gesandt. Die Menschwerdung,
15 der Tod und die Auferstehung Christi sind Grund und Voraussetzung der Rechtfertigung. Daher bedeutet Rechtfertigung, daß Christus selbst unsere Gerechtigkeit ist, derer wir nach dem Willen des Vaters durch den Heiligen Geist teilhaftig werden. Gemeinsam bekennen wir: Allein aus Gnade im Glauben an die Heilstat Christi, nicht auf Grund unseres Verdienstes, werden wir von
20 Gott angenommen und empfangen den Heiligen Geist, der unsere Herzen erneuert und uns befähigt und aufruft zu guten Werken.[2]

(16) Alle Menschen sind von Gott zum Heil in Christus berufen. Allein durch Christus werden wir gerechtfertigt, indem wir im Glauben dieses Heil empfangen. Der Glaube selbst ist wiederum Geschenk Gottes durch den Heiligen Geist, der im Wort und in den Sakramenten in der Gemein-
25 schaft der Gläubigen wirkt und zugleich die Gläubigen zu jener Erneuerung ihres Lebens führt, die Gott im ewigen Leben vollendet.

(17) Gemeinsam sind wir der Überzeugung, daß die Botschaft von der Rechtfertigung uns in besonderer Weise auf die Mitte des neutestamentlichen Zeugnisses von Gottes Heilshandeln in Christus verweist: Sie sagt uns, daß wir Sünder unser neues Leben allein der vergebenden
30 und neuschaffenden Barmherzigkeit Gottes verdanken, die wir uns nur schenken lassen und im Glauben empfangen, aber nie – in welcher Form auch immer – verdienen können.

---

1 1545–1563 in Trient tagendes Konzil, setzte gegenüber den Reformatoren die Lehre der römisch-katholischen Kirche über die Gleichwertigkeit von Hl. Schrift und Überlieferung, über Erbsünde, Rechtfertigung und Gnade, Siebenzahl der Sakramente, Priesterweihe, Heiligenverehrung und Ablass fest und fasste diese im Tridentinischen Glaubensbekenntnis zusammen.
2 Vgl. Alle unter einem Christus, Nr. 14: DwÜ I, 323–328.

M4b | Gemeinsame Erklärung zur Rechtfertigungslehre des Lutherischen Weltbundes und der katholischen Kirche (GER 1999)

(43) Unser Konsens in Grundwahrheiten der Rechtfertigungslehre muß sich im Leben und in der Lehre der Kirchen auswirken und bewähren. Im Blick darauf gibt es noch Fragen von unterschiedlichem Gewicht, die weiterer Klärung bedürfen: sie betreffen unter anderem das Verhält-
35 nis von Wort Gottes und kirchlicher Lehre sowie die Lehre von der Kirche, von der Autorität in ihr, von ihrer Einheit, vom Amt und von den Sakramenten, schließlich von der Beziehung zwischen Rechtfertigung und Sozialethik. Wir sind der Überzeugung, daß das erreichte gemeinsame Verständnis eine tragfähige Grundlage für eine solche Klärung bietet. Die lutherischen Kirchen und die römisch-katholische Kirche werden sich weiterhin bemühen, das gemeinsame Verständ-
40 nis zu vertiefen und es in der kirchlichen Lehre und im kirchlichen Leben fruchtbar werden zu lassen.
(44) Wir sagen dem Herrn Dank für diesen entscheidenden Schritt zur Überwindung der Kirchenspaltung. Wir bitten den Heiligen Geist, uns zu jener sichtbaren Einheit weiterzuführen, die der Wille Christi ist.

Auszug aus: Gemeinsame Erklärung zur Rechtfertigungslehre des Lutherischen Weltbundes und der katholischen Kirche, 1999, 1–7. http://www.lutheranworld.org/Events/DE/jd97d.pdf

1. Erarbeiten Sie die Bedeutung der GER für die lutherischen und die katholische Kirche(n).

2. Vergleichen Sie die GER mit Luthers Freiheitsschrift.

3. Die GER basiert auf einer gemeinsamen Auslegung der biblischen Rechtfertigungsbotschaft. Stellen Sie dar, wo sich Aussagen aus Röm 3,21–28 und Röm 5,1–2 in der GER wiederfinden.

4. Entwerfen Sie ausgehend von Abschnitt 43 Ihre Vision für die lutherischen und die katholische Kirche(n).

Die Rechtfertigungslehre – Zentrum des christlichen Glaubens

1 Die Frage der Rechtfertigung führt uns zurück ins Zentrum des Evangeliums und zu den Grundfragen unseres menschlichen Daseins. … Unser Wert als Menschen hängt nicht davon ab, wie gut oder schlecht wir etwas leisten. Noch bevor wir selbst irgendetwas tun, sind wir angenommen und bejaht. Unser Leben spielt sich unter dem Horizont der Gnade ab und wird von einem
5 gnädigen Gott gelenkt, der uns durch alles und trotz allem in seinen gütigen Händen hält. Wir können von Gottes Gnade leben. Das befreit uns von der Angst, schenkt uns Hoffnung und Mut und erfüllt uns mit der Freude der Kinder Gottes.

Walter Kardinal Kasper, Die Frage der Rechtfertigung aus: Ders., Wege der Einheit: Perspektiven für die Ökumene, © Verlag Herder GmbH, Freiburg i. Br. 2004, 178.

Zwar empfinden sich Menschen heute wahrscheinlich nur ausnahmsweise vor *göttliche* Leistungsanforderungen gestellt und fürchten, ihnen nicht gerecht zu werden. Dafür sind aber die
10 menschlichen, gesellschaftlichen Anforderungen umso mehr präsent. D. h., das Forum, vor dem Menschen sich verantwortlich fühlen, die Standards, denen sie zu entsprechen versuchen, die Instanzen, von denen sie Anerkennung erhoffen und Ablehnung befürchten, sind *irdisch* geworden, ohne dass sie damit *menschlich* geworden wären. Und das gilt nicht nur für Erwachsene oder für Jugendliche, die ihren Platz in der Gesellschaft suchen, erkämpfen und behaupten wol-
15 len, sondern auch schon in einem nie gekannten Ausmaß – für Kinder.

Wilfried Härle, in: Rechtfertigung heute, Hannover 2008, 74 f.

Als Befreiung von sich selbst und zugleich zu sich selbst im Gegenüber zu Gott hat das Rechtfertigungsgeschehen dann immer auch eine soziale und eine ethische Dimension, die in der Lebenshingabe Christi gründen und sich aus ihr entfalten. Hier hat dankbares Tun und getrostes Lassen seinen Platz, Sorge für den Mitmenschen und Freude an dem, was Gott dem eigenen
20 Leben schenkt.

Walter Klaiber/Manfred Marquardt, Gelebte Gnade, in: Unter dem Horizont der Gnade. Ökumenische Arbeitshilfe zum 10. Jahrestag der ‚Gemeinsamen Erklärung zur Rechtfertigungslehre‘, Frankfurt am Main 2009, 4.

1. Formulieren Sie ein eigenes Statement zur Bedeutung der Rechtfertigungslehre. (Beziehen Sie obenstehende Zitate und Ihre Ergebnisse zu **M 1** und **M 2** ein.)

2. Diskutieren Sie, welchen Einfluss die Rechtfertigungslehre auf Ihre Lebensgestaltung haben kann.

Baustein 2:
Das Abendmahl –
Vom Streit zur Gemeinschaft

1. Kirchengeschichtliche Einführung

Verständnis und Praxis des Abendmahls stellten für Martin Luther und andere Reformatoren einen zentralen Unterscheidungspunkt zur mittelalterlichen Kirche dar. So einig jedoch einerseits die Kritik am Verständnis des Abendmahls als priesterliches Messopfer und gutes Werk, an der Transsubstantiationslehre erklären oder am fehlenden Laienkelch formuliert wurde, so wenig konnten sich bspw. Luther und Huldrych Zwingli in der Frage nach der Präsenz Christi in den Elementen Brot und Wein auf eine gemeinsame Position einigen. Dies trug mit zur Trennung der reformatorischen Bewegung in verschiedene – lutherische und reformierte – Konfessionen bei.

Der innerreformatorische Streit um das Abendmahl erreichte im Oktober 1529 im Marburger Religionsgespräch einen ersten Höhepunkt. Landgraf Philipp von Hessen, der sich um ein politisches Bündnis aller evangelischen Länder bemühte, hatte Luther, Zwingli und ihre Anhänger eingeladen, um die theologischen Differenzen im Gespräch und durch gegenseitiges Kennenlernen auszuräumen. In den von Luther als Ergebnis formulierten ‚Marburger Artikeln‘ stimmten zwar beide in 14 von 15 Punkten überein. Und auch im letzten Artikel über das Abendmahl schien der Konsens groß. Jedoch: „Die Frage nach der Realpräsenz unterschied die beiden reformatorischen Lager grundlegend und bei allen freundlichen Formulierungen im fünfzehnten Artikel war doch klar, dass damit ein unüberbrückbarer Spalt ge-

schaffen war. Luther sah sich aufgrund dieser Differenz nicht in der Lage, die Schweizer als Brüder anzuerkennen.“[1]

Bis ins 20. Jahrhundert trennte u. a. die Frage des Abendmahls Reformierte und Lutheraner. Erst 1973 gelang es nach intensiven Lehrgesprächen in der Konkordie reformatorischer Kirchen in Europa, der sogenannten ‚Leuenberger Konkordie‘, diese Kirchenspaltung zu überwinden. Ein neues Verständnis von Kirchengemeinschaft, nach der „zur wahren Einheit der Kirche die Übereinstimmung in der rechten Lehre des Evangeliums und in der rechten Verwaltung der Sakramente notwendig und ausreichend“[2] sei, hatte den Weg dahin geebnet. Nach 450 Jahren gelang es den Abendmahlsstreit zu überwinden und zu neuer (Abendmahls-) Gemeinschaft zu finden. Fast alle europäischen reformierten Kirchen und inzwischen auch einige südamerikanische Kirchen haben die Konkordie inzwischen unterzeichnet.

Die theologische Debatte um das Abendmahl seit der Reformation ist hochkomplex. Der Baustein beschränkt sich auf die Diskussion zwischen Luther und Zwingli über die Präsenz Christi in den Elementen Brot und Wein, die Auslegung der Einsetzungsworte und die Frage nach der Heilsbedeutung des Sakraments. Auszüge aus Luthers Großem Katechis-

---

1 Volker Leppin, Martin Luther, Darmstadt 2006, 291.
2 Konkordie reformatorischer Kirchen in Europa (Leuenberger Konkordie), in: Evangelische Bekenntnisse Teilband 2, hrsg. v. Rudolf Mau, Bielfeld 1997, 289.

mus (1529) und Zwinglis ,Kommentar über die wahre und falsche Religion' (1525) geben einen Einblick in die theologische Begründung für das jeweilige Abendmahlsverständnis. Nach lutherischer Auffassung verbindet sich Christus für Gläubige und Ungläubige durch die Einsetzungsworte leiblich mit Brot und Wein (Realpräsenz). Luther bestand auf der wörtlichen Bedeutung des ,Das *ist* mein Leib'. Das Abendmahl schenkt dem gläubig Empfangenden die Vergebung seiner Sünden und lässt ihn Anteil an Christi Kreuzestod und Auferstehung gewinnen. Für Zwingli hingegen konnte Christus im Abendmahl nur geistlich, nicht körperlich präsent sein. Zwar stiftet auch nach seiner Auffassung das Mahl eine enge Verbindung zwischen dem Glaubenden und Christus, dient in erster Linie jedoch der Erinnerung an Christi Kreuzestod und Auferstehung und der Gemeinschaft. Brot und Wein sind Zeichen. Die angemessene Wiedergabe der Einsetzungsworte lautet deshalb ,Das *bedeutet* meinen Leib'.

Die Verständigung, wie sie die Leuenberger Konkordie formuliert, gelingt v. a. durch ein personales Verständnis des Abendmahls. Christus selbst lädt ein und schenkt sich mit Brot und Wein (personale Präsenz). Die Heilsbedeutung des Abendmahls wird unterstrichen. Darüber verliert die Frage nach einer genauen Verhältnisbestimmung von Brot und Wein zu Leib und Blut Christi an Gewicht.

2. Lektürehinweise

Dorothea Wendebourg, Taufe und Abendmahl, in: Handbuch Luther, hrsg. v. Albrecht Beutel, Tübingen ²2010, 414–423.
Volker Leppin, Martin Luther, Darmstadt 2006, 277–292.
Martin Friedrich, Von Marburg bis Leuenberg, Der lutherisch-reformierte Gegensatz und seine Überwindung, Waltrop 1999.

3. Didaktisch-methodischer Kommentar

M 1: Das Abendmahl – ein Geheimnis?

Die Materialien führen die SuS in das Thema Abendmahl ein. Sie bieten Gelegenheit, eigene Erfahrungen, bereits vorhandenes Wissen und Fragen zu thematisieren, um für das Thema Interesse zu wecken. Die Äußerungen Manfred Kocks verweisen sowohl auf die große Bedeutung des Abendmahls für den christlichen Glauben als auch auf zum Teil bis heute bestehende Differenzen in Verständnis und Praxis in den verschiedenen Konfessionen und bieten eine Brücke zu den folgenden Materialien. Johannes Calvin, der sich frühzeitig um Vermittlung zwischen den verschiedenen Ausprägungen reformatorischer Abendmahlslehren bemühte, formuliert sehr weitsichtig. Sein Zitat begrenzt zu recht alle Verstehensbemühungen auch im Unterricht.

M 2: Martin Luther: Auszug aus dem Großen Katechismus, Von dem Sakrament des Altars 1529

M 3: Huldrych Zwingli: Auszug aus dem Kommentar über die wahre und falsche Religion, Das Abendmahl, 1525

M 4 Der Abendmahlsstreit zwischen Luther und Zwingli – Das Marburger Religionsgespräch

Die Materialien geben einen Einblick in den innerreformatorischen Abendmahlsstreit zwischen Luther und Zwingli. Die SuS bereiten sich in drei Arbeitsgruppen (Luther, Zwingli, Journalisten) vor und lesen entsprechend Auszüge aus dem Großen Katechismus Luthers und/oder der Hauptschrift Zwinglis dem ,Kommentar über die wahre und falsche Religion'. Anhand des 15. Marburger Artikels lernen die SuS eine der zentralen theologischen Streitfragen kennen. In welchem Verhältnis stehen Brot und Wein zu Leib und Blut Christi? Die Gestaltung einer fiktiven Pressekonferenz der beiden Kontrahenten soll motivieren, sich abschließend genauer mit Ausschnitten der theologisch anspruchsvollen Argumentation Luthers und Zwinglis in Bezug auf das rechte Verständnis des Abendmahls zu beschäftigen. Als Lernkontrolle kann im Anschluss ein Zeitungsartikel verfasst werden.

M 5 Auszug aus der Konkordie reformatorischer Kirchen in Europa, Leuenberger Konkordie (LK) 1973

Die Leuenberger Konkordie stellt ein bedeutendes Dokument des ökumenischen Dialogs zwischen den lutherischen und reformierten Kirchen dar. Nach über vier Jahrhunderten der Trennung ist es den reformatorischen Kirchen Europas gelungen, eine Kirchenspaltung zu beenden sowie ein gemeinsames Verständnis des Abendmahls zu formulieren und zu gegenseitiger Abendmahlsgemeinschaft einzuladen. Die SuS erarbeiten arbeitsteilig im Vergleich mit den Äußerungen Luthers (**M 3**) und Zwinglis (**M 4**), dass der Konflikt überwunden werden konnte, indem beide Konfessionen die gemeinsame personal-christologische Mitte ihres Abendmahlsverständisses formulieren, die genaue Art der Präsenz Christi in den Elementen aber offen gelassen wird und für die Gemeinschaft nicht länger von Bedeutung ist (Aufgabe 1). Der Brief an einen Reformator nimmt die versöhnende Intention der Leuenberger Konkordie auf und vertieft das Verständnis der SuS in Bezug auf die Abendmahlsfrage. Er kann auch als Lernkontrolle dienen (Aufgabe 2).

M 6 Abendmahlsgemeinschaft zwischen evangelischen und katholischen Christen – eine Vision

Zwischen der evangelischen und katholischen Kirche existiert bis heute keine Konkordie, die ein gemeinsames Abendmahlsverständnis formuliert. Gleichwohl hat die EKD in ihrer Erklärung zur Gemeinsamen Erklärung zur Rechtfertigungslehre eine Einladung zum gemeinsamen Abendmahl ausgesprochen. Indem die SuS diese Einladung gestalten und begründen, vertiefen sie ihre Kenntnis des evangelischen Abendmahlsverständnisses. Abschließend können sie den ökumenischen Dialog fortführen und ihre Vision für ein gemeinsames Abendmahlsverständnis aller westlichen christlichen Kirchen formulieren.

1 Es gibt kaum ein anderes Gebiet christlichen Lebens und christlicher Frömmigkeit, auf dem
so viel gestritten und gelitten, so viel gelehrt und gespalten, so viel geglaubt und verzweifelt
wurde, wie um das Verständnis und die Praxis des Abendmahls. Wenn man die Taufe als die Ein-
trittstür in die christliche Gemeinschaft bezeichnet, dann ist das Abendmahl der Heimathafen
5 jeden Glaubens. Beim Abendmahl erfährt und feiert der Glaubende in einer gottesdienstlichen
Gemeinschaft die Nähe zu Christus, hier ist die Mitte des Erlösungsglaubens gleichsam mit Händen zu greifen und deswegen wurde sie immer wieder auch mit Ellbogen verteidigt.

Präses Manfred Kock, in: Das Abendmahl. Eine Orientierungshilfe zu Verständnis und Praxis des Abendmahls
in der evangelischen Kirche, vorgelegt vom Rat der Evangelischen Kirche in Deutschland, © Gütersloher Verlagshaus, Gütersloh, in der Verlagsgruppe Random House GmbH 2003, 7.

Wenn mich nun jemand nach Art und Weise [der Gegenwart Christi beim Abendmahl] fragt, so
gebe ich ungescheut zu, dass dies Geheimnis zu erhaben ist, um mit meinem Verstand erfasst
10 oder mit Worten ausgedrückt zu werden, und, um es offen zu sagen: Ich erfahre es mehr, als dass
ich es begreife!

Johannes Calvin, Institutio IV, Genf 1559, 17, 32.

1. Notieren Sie ihr Wissen, Ihre Assoziationen und Ihre Fragen zum Thema Abendmahl.

2. Formulieren Sie in Auseinandersetzung mit den Äußerungen Manfred Kocks und
Johannes Calvins Ihre Erfahrungen mit dem Abendmahl.

M2 | Huldrych Zwingli: Auszug aus dem Kommentar über die wahre und falsche Religion, Das Abendmahl, 1525

1 Doch, um gegen niemanden ungerecht zu sein, es könnten einige ihre Unwissenheit mit den sogenannten Konsekrationsworten Christi entschuldigen; denn sie sagen öffentlich, indem sie auf das Brot deuten: „Das ist mein Leib." Davon soll jetzt gesprochen werden.

Ich habe bereits, wie ich hoffe, die unbegründete Meinung vom körperlichen Essen widerlegt.
5 Es liegt mir lediglich daran, daß die Auffassung, während der Danksagung werde das körperliche und sinnlich wahrnehmbare Fleisch Christi gegessen, nicht nur gottlos, sondern auch dumm und grauenhaft ist, es wäre denn, daß man unter Menschenfressern wohnte. ...

Also: Die erwähnten Worte Christi „das Fleisch hilft nichts" (Joh 6,33) zwingen jedes Verständnis zum Gehorsam gegen Gott (vgl. 2Kor 10,5). Das heißt: „Das ist mein Leib" muß oder kann
10 unmöglich vom körperlichen Fleisch oder vom sinnlich wahrnehmbaren Körper verstanden werden. ... Die ganze Schwierigkeit liegt also ... in dem Wort ‚ist'. Dieses steht nämlich in der Heiligen Schrift an mehr als einer Stelle für ‚bedeutet' ... Nach meiner Meinung also steht hier das Wort ‚ist' für ‚bedeutet'. Freilich ist das nicht meine Meinung, sondern die des ewigen Gottes. Denn ich rühme mich keines Dinges, „das nicht Christus in mir gewirkt hat", ... So sagt der Evan-
15 gelist Lukas, den ich als einzigen von den Evangelisten anführen will (Lk 22,19): „Und er nahm Brot, sprach das Dankgebet darüber, brach es, gab es ihnen und sagte: ‚Das bedeutet meinen Leib, der für euch hingegeben wird, das tut zu meinem Gedächtnis.'" ‚Das' – nämlich: was ich euch zum Essen darreiche – „... ist das Symbol meines für euch dahingegebenen Leibes, und das, was ich jetzt tue, das sollt ihr künftig zu meinem Gedächtnis tun." Oder zeigen diese Worte:
20 „Das tut zu meinem Gedächtnis" nicht offenkundig an, daß dieses Brot zu seinem Gedächtnis gegessen werden soll?

So ist das Abendmahl ein Gedächtnis an den Tod Christi, wie es Paulus nennt (1Kor 11,24–25), nicht eine Vergebung der Sünden; denn die kommt allein aus dem Tod Christi. Er spricht nämlich: „Das, was ich euch jetzt essen und trinken heiße, soll euch ein Symbol sein, das sollt ihr
25 dann, wenn ihr mein Gedächtnis begeht, in gemeinsamem Essen und Trinken brauchen."

Es ist also die Eucharistie – wörtlich: die Danksagung oder die Zusammenkunft oder das Abendmahl – nichts anderes als ein Gedenken: Diejenigen, welche fest daran glauben, daß sie durch den Tod Christi und sein Blut mit dem Vater versöhnt sind, verkündigen hier diesen lebendigmachenden Tod, das heißt, sie loben ihn, freuen sich über ihn und rühmen ihn.

Auszug aus: Huldrych Zwingli, Kommentar über die wahre und falsche Religion 1525,
in: Schriften III, hrsg. v. Thomas Brunnschweiler und Samuel Lutz, Zürich 2005, 276–303, gekürzt.

Martin Luther: Auszug aus dem Großen Katechismus, | M3a
Von dem Sakrament des Altars 1529

1   Obgleich der 15. Marburger Artikel die Uneinigkeit über das Verständnis der Elemente Brot und Wein freundlich formulierte, lagen ihm doch schwerwiegende unüberwindbare theologische Differenzen zugrunde, die letztlich zur Entstehung verschiedener (der lutherischen und der reformierten) Konfessionen beitrugen:

5   „… also müssen wir von dem andern Sakrament [Abendmahl] auch reden, nämlich die drei Stücke: was es sei, was es nütze und wer es empfangen soll. Und solches alles aus den Worten gegründet, dadurch es von Christo eingesetzt ist, welches auch ein jeglicher wissen soll, der ein Christ will sein und zum Sakrament gehen; denn wir sind's nicht gesinnt, das zuzulassen und es zu reichen denen, die nicht wissen, was sie da suchen oder warum sie kommen. Die Worte aber

10   sind diese:

Unser Herr Jesus Christus in der Nacht, da er verraten ward, nahm er das Brot, dankte und brach's und gab's seinen Jüngern und sprach: Nehmet hin und esset, das ist mein Leib, der für euch gegeben wird. Solches tut zu meinem Gedächtnis! Desselbengleichen nahm er auch den Kelch nach dem Abendmahl, dankte und gab ihnen den und sprach: Nehmet hin und trinket alle

15   daraus; dieser Kelch ist das Neue Testament in meinem Blut, das für euch vergossen wird zur Vergebung der Sünden. Solches tut, so oft ihr's trinket, zu meinem Gedächtnis!

Hier wollen wir uns nicht in die Haare legen und fechten mit den Lästerern und Schändern dieses Sakraments, sondern zum ersten lernen, da die Macht an liegt (wie auch von der Taufe), nämlich, daß das vornehmste Stück sei Gottes Wort und Ordnung oder Befehl; denn

20   es ist von keinem Menschen erdacht noch aufgebracht; sondern ohne jemandes Rat und Bedacht von Christo eingesetzt. … also bleibt auch dies hochwürdige Sakrament unverrückt, daß ihm nichts abgebrochen noch genommen wird, ob wir's gleich unwürdig gebrauchen und handeln …

Was ist nun das Sakrament des Altars? Antwort: *Es ist der wahre Leib und Blut des Herrn Christi,*

25   *in und unter dem Brot und Wein durch Christus' Wort uns Christen befohlen zu essen und zu trinken.* Und wie von der Taufe gesagt, daß sie nicht schlecht [bloßes] Wasser ist, so sagen wir auch hier, das Sakrament ist Brot und Wein, aber nicht schlecht Brot und Wein, so man sonst zu Tische trägt, sondern Brot und Wein in Gottes Wort gefasst und daran gebunden.

Das Wort (sage ich) ist das, das dies Sakrament macht und unterscheidet, daß es nicht lauter

30   Brot und Wein, sondern Christus' Leib und Blut ist und heißt. Denn es heißt: … *,wenn das Wort zum äußerlichen Ding kommt, so wird's ein Sakrament. …'* Aus dem Wort kannst du dein Gewissen stärken und sprechen: Wenn hunderttausend Teufel samt allen Schwärmern herfahren: Wie kann Brot und Wein Christus' Leib und Blut sein usw.? So weiß ich, daß alle Geister und Gelehrten auf einem Haufen nicht so klug sind, als die göttliche Majestät im kleinsten Fingerlein. Nun

35   steht hier Christus' Wort: *,Nehmet. Esset, das ist mein Leib. Trinket alle daraus, das ist das Neue Testament in meinem Blut'* usw. Da bleiben wir bei und wollen sie ansehen, die ihn meistern werden und anders machen, denn er's geredet hat. …

M3b | Martin Luther: Auszug aus dem Großen Katechismus, Von dem Sakrament des Altars 1529

Nun siehe weiter auf die Kraft und Nutz, darum endlich [schließlich] das Sakrament eingesetzt ist, welches auch das Nötigste darin ist, daß man wisse, was wir da suchen und holen sollen.
40 Das ist nun klar und leicht eben aus den gedachten Worten: *,Das ist mein Leib und Blut, für euch gegeben und vergossen zur Vergebung der Sünden.'* Das ist kürzlich so viel gesagt: Darum gehen wir zum Sakrament, daß wir da empfangen solchen Schatz, durch in dem wir Vergebung der Sünden überkommen. Warum das? Darum, daß die Worte dastehen und solches geben; denn darum heißt er mich essen und trinken, daß es mein sei und mir nütze ... Warum sollten wir uns
45 denn solchen Schatz aus dem Sakrament reißen lassen?"

Auszug aus: Martin Luther, Großer Katechismus, Von dem Sakrament des Altars 1529,
in: Die Bekenntnisschriften der evangelisch-lutherischen Kirche, Göttingen 1998, 707–712.
(Sprache leicht angeglichen)

---

1. Erarbeiten Sie aus **M 2** und **M 3**, in welchem Verhältnis nach Martin Luther und Huldrych Zwingli Brot und Wein zu Leib und Blut Christi stehen.

2. Erläutern Sie das Verständnis der Einsetzungsworte und der Funktion des Abendmahls aus Sicht Luthers und Zwinglis.

3. Bilden Sie drei Arbeitsgruppen. Bereiten Sie eine Pressekonferenz vor, in der Luther und Zwingli ihre Standpunkte zum Abendmahlsverständnis darlegen und auf Fragen der anwesenden Journalisten antworten.

Der Abendmahlsstreit zwischen Luther und Zwingli – | M4
Das Marburger Religionsgespräch

1 Das Abendmahl war ein zentraler Kritikpunkt aller Reformatoren gegenüber der mittelalterlichen Kirche. Allerdings erzielten sie auch untereinander nicht in allen Fragen Einigkeit über das
rechte Verständnis des Sakraments. 1525 brach der offene Streit zwischen Martin Luther und
Huldrych Zwingli aus. Aus politischen Gründen lud Philipp von Hessen im Oktober 1529 beide
5 Lager zu einem Religionsgespräch nach Marburg ein. Luther und Zwingli begegneten sich in
Marburg das erste und einzige Mal persönlich. Philipps Bestreben zielte auf ein Bündnis aller
evangelischen Kräfte im Deutschen Reich gegen die katholische Seite. Luther fasste das Ergebnis der mehrtägigen Gespräche in ‚15 Marburger Artikeln' zusammen. In vielen Fragen (Artikel
1–14) konnte er tatsächlich gemeinsame reformatorische Lehraussagen formulieren. Der 15. Ar-
10 tikel behandelte schließlich die strittige Frage des Abendmahls:

„(15.) **Vom Sakrament des Leibes und Blutes Christi:** Zum Fünfzehnten glauben und halten
wir alle von dem Nachtmahl unseres lieben Herrn Jesus Christus, dass man nach der Einsetzung
Christi beide Gestalten[3] gebrauchen soll; dass auch die Messe kein Werk ist, mit dem einer für
den anderen, tot oder lebendig, Gnade erlange,[4] dass auch das Sakrament des Altars ein Sakra-
15 ment des wahren Leibes und Blutes sei[5] und die geistliche Nießung[6] eben dieses Leibes und Blutes jedem Christen vornehmlich vonnöten ist; desgleichen der Gebrauch des Sakramentes, wie
das Wort vom allmächtigen Gott gegeben und verordnet ist, um damit die schwachen Gewissen
durch den Heiligen Geist zum Glauben zu bewegen. – Obwohl wir uns aber zu dieser Zeit nicht
geeinigt haben, ob der wahre Leib und das wahre Blut Christi leiblich in Brot und Wein seien, so
20 soll doch ein Teil dem anderen gegenüber christliche Liebe, sofern eines jeden Gewissens es immer ertragen kann, erzeigen, und beide Teile den allmächtigen Gott fleißig bitten, dass er uns
durch seinen Geist das rechte Verständnis bestätigen wolle.

Auszug aus: Die Marburger Artikel, in: Kirchen- und Theologiegeschichte in Quellen, Bd. 3 (Reformation),
hrsg. v. Volker Leppin, Neukirchen-Vluyn 2005, 168.

---

1. Schreiben Sie als Berichterstatter für Ihre Schülerzeitung einen Zeitungsartikel über
das Marburger Religionsgespräch mit dem Titel: ‚Luther und Zwingli im Streit'.

---

3 die Austeilung von Brot und Wein für alle Gläubigen
4 Die katholische Kirche verstand zu Luthers Zeit das Abendmahl ist erster Linie als Messopfer, durch das der Priester die Gnade Gottes für die Gläubigen und auch für die bereits Verstorbenen erwirken konnte.
5 Christus ist nach reformatorischer Erkenntnis nicht nur geistlich, sondern auch leiblich präsent.
6 der Empfang des Abendmahls im Glauben an das Heilswerk Christi, die Rechtfertigung des Sünders aus Gnade

M5a | Auszug aus der Konkordie reformatorischer Kirchen in Europa, Leuenberger Konkordie (LK) 1973

1 Die 1973 von den reformierten Kirchen Europas verabschiedete Leuenberger Konkordie begründet Kirchengemeinschaft zwischen den „dieser Konkordie zustimmenden lutherischen, reformierten und aus ihnen hervorgegangenen unierten Kirchen" (LK 1).

I Übereinstimmung im Verständnis des Evangeliums

5 „Kirchengemeinschaft im Sinne dieser Konkordie bedeutet, daß Kirchen verschiedenen Bekenntnisstandes aufgrund der gewonnenen Übereinstimmung im Verständnis des Evangeliums einander Gemeinschaft an Wort und Sakrament gewähren und eine möglichst große Gemeinsamkeit in Zeugnis und Dienst an der Welt erstreben." (LK 29).
(2) Die Kirche ist allein auf Jesus Christus gegründet, der sie durch die Zuwendung seines Heils
10 in der Verkündigung und in den Sakramenten sammelt und sendet. Nach reformatorischer Einsicht ist darum zur wahren Einheit der Kirche die Übereinstimmung in der rechten Lehre des Evangeliums und in der rechten Verwaltung der Sakramente notwendig und ausreichend.
(3) Angesichts wesentlicher Unterschiede in der Art theologischen Denkens und des kirchlichen Handelns sahen sich die reformatorischen Väter um ihres Glaubens und Gewissens willen trotz
15 vieler Gemeinsamkeiten nicht in der Lage, Trennungen zu vermeiden. Mit dieser Konkordie erkennen die beteiligten Kirchen, daß sich ihr Verhältnis zueinander seit der Reformationszeit gewandelt hat. …

II Das gemeinsame Verständnis des Evangeliums

2. Verkündigung, Taufe und Abendmahl

20 (13) Das Evangelium wird uns grundlegend bezeugt durch das Wort der Apostel und Propheten in der Heiligen Schrift des Alten und Neuen Testaments. Die Kirche hat die Aufgabe, dieses Evangelium weiterzugeben durch das mündliche Wort der Predigt, durch den Zuspruch an den Einzelnen und durch Taufe und Abendmahl. In der Verkündigung, Taufe und Abendmahl ist Jesus Christus durch den Heiligen Geist gegenwärtig. So wird den Menschen die Rechtfertigung
25 in Christus zuteil und so sammelt der Herr seine Gemeinde. …
(15) Im Abendmahl schenkt sich der auferstandene Jesus Christus in seinem für alle dahingegebenen Leib und Blut durch sein verheißenes Wort mit Brot und Wein. Er gewährt uns dadurch Vergebung der Sünden und befreit uns zu einem neuen Leben aus Glauben. Er läßt uns neu erfahren, daß wir Glieder an seinem Leibe sind. Er stärkt uns zum Dienst an den Menschen.
30 (16) Wenn wir Abendmahl feiern, verkündigen wir den Tod Christi, durch den Gott die Welt mit sich selbst versöhnt hat. Wir bekennen die Gegenwart des auferstandenen Herrn unter uns. In der Freude darüber, daß der Herr zu uns gekommen ist, warten wir auf seine Zukunft in Herrlichkeit.

III Die Übereinstimmung angesichts der Lehrverurteilungen
35 **der Reformationszeit**

(17) Die Gegensätze, die von der Reformationszeit an eine Kirchengemeinschaft zwischen den lutherischen und reformierten Kirchen unmöglich gemacht und zu gegenseitigen Verwerfungsurteilen geführt haben, betrafen die Abendmahlslehre … Wir nehmen die Entscheidung der Väter ernst, können aber heute Folgendes gemeinsam dazu sagen:

40 **1. Abendmahl**
(18) Im Abendmahl schenkt sich der auferstandene Jesus Christus in seinem für alle dahingegebenen Leib und Blut durch sein verheißenes Wort mit Brot und Wein. So gibt er sich selbst vorbehaltlos allen, die Brot und Wein empfangen; der Glaube empfängt das Mahl zum Heil, der Unglaube zum Gericht.
45 (19) Die Gemeinschaft mit Jesus Christus in seinem Leib und Blut können wir nicht vom Akt des Essens und Trinkens trennen. Ein Interesse an der Art der Gegenwart Christi im Abendmahl, das von dieser Handlung absieht, läuft Gefahr, den Sinn des Abendmahls zu verdunkeln.
(20) Wo solche Übereinstimmung zwischen Kirchen besteht, betreffen die Verwerfungen der reformatorischen Bekenntnisse nicht den Stand der Lehre dieser Kirchen.

Auszug aus: Konkordie reformatorischer Kirchen in Europa (Leuenberger Konkordie) 1973,
in: Evangelische Bekenntnisse Teilband 2, hrsg. v. Rudolf Mau, Bielfeld 1997, 289–297.

1. Vergleichen Sie arbeitsteilig das in der Leuenberger Konkordie formulierte gemeinsame Abendmahlsverständnis mit dem Martin Luthers und Huldrych Zwinglis. Achten Sie darauf, was die Leuenberger Konkordie unerwähnt lässt.

2. Schreiben Sie als Vertreter der Leuenberger Gespräche einen Brief an Martin Luther bzw. Huldrych Zwingli, in dem Sie dem Reformator erläutern, wie der Abendmahlsstreit im 20. Jahrhundert überwunden werden konnte und laden Sie ihn ein, sich der Leuenberger Konkordie anzuschließen.

M6 | Abendmahlsgemeinschaft zwischen evangelischen und katholischen Christen – eine Vision

1 (49) Ebenso hoffen sie [die lutherischen und reformierten Kirchen], daß die Kirchengemeinschaft der Begegnung und Zusammenarbeit mit Kirchen anderer Konfessionen einen neuen Anstoß geben wird. Sie erklären sich bereit, die Lehrgespräche in diesen weiten Horizont zu stellen.

Auszug aus: Konkordie reformatorischer Kirchen in Europa (Leuenberger Konkordie) 1973,
in: Evangelische Bekenntnisse Teilband 2, hrsg. v. Rudolf Mau, Bielefeld ²2008, 289–297 © Luther Verlag Bielefeld.

Der weitere Dialog zwischen den reformatorischen Kirchen und der römisch-katholischen Kir-
5 che muß danach streben, daß sich die beteiligten Kirchen gegenseitig als Kirche Jesu Christi anerkennen. Das schon Erreichte ermöglicht es nach unserer Überzeugung, daß sie einander zur
Teilnahme am Heiligen Abendmahl einladen. Die Vereinigte Evangelisch-Lutherische Kirche
Deutschlands und die Arnoldshainer Konferenz haben eine solche Einladung bereits in der Mitte
der 70er Jahre ausgesprochen. Wir bekräftigen heute diese Einladung.

Auszug aus: Pressemitteilung der Evangelischen Kirche Deutschlands zur Gemeinsamen Erklärung
zur Rechtfertigungslehre des lutherischen Weltbundes und der Katholischen Kirche vom 11. Oktober 1999.
www.ekd.de/presse/702.html

10 20.01.2011
Papst: Gemeinsames Abendmahl ist Ansporn für verstärkte Bemühungen um Ökumene
Die christlichen Kirchen sind nach den Worten von Papst Benedikt XVI. noch weit von der
Abendmahlsgemeinschaft entfernt Die gemeinsame Feier des Abendmahls sei deshalb ein Ansporn für verstärkte Bemühungen um die Ökumene. Das sagte der Papst am Mittwoch in Rom.
15 Die derzeitige Gebetswoche für die Einheit der Christen sei Anlass „zu besonders starkem Be-
dauern über die Unmöglichkeit, das Abendmahl zu teilen". Außerdem rief der Heilige Vater die
getrennten Christen zum gemeinsamen Sozialengagement auf.

www.domradio.de/news/70868/papst-gemeinsames-abendmahl-ist-ansporn-fuer-verstaerkte-bemuehungen-
um-oekumene.html

1. „Wir bekräftigen heute diese Einladung." Erläutern Sie die Gründe für diese Einladung der evangelischen Kirche.

2. Formulieren Sie Ihre Vision für das Verhältnis zwischen evangelischer und katholischer Kirche in Bezug auf das Abendmahl im Jahre 2019, dem 20-jährigen Bestehen der Gemeinsamen Erklärung zur Rechtfertigungslehre.

3. Besuchen Sie (gemeinsam) einen Gottesdienst, in dem Abendmahl gefeiert wird. Tauschen Sie sich über Ihre Beobachtungen und Erfahrungen aus.

Baustein 3:
Martin Luther und die Juden

1. Kirchengeschichtliche Einführung

So wegweisend Martin Luthers zentrale theologische Lehre über die Rechtfertigung war und ist, so schwer lastet sein Erbe in Bezug auf seine Haltung gegenüber den Juden. „Güte und Milde, wie sie einem Christenmenschen nach lutherischem Verständnis wohl anstehen sollten, suchen wir in diesen [seinen antijüdischen] … Schriften vergebens. Er hat Haß und Vernichtung der Menschenwürde gepredigt. Dies gilt es zur Kenntnis zu nehmen, mit dieser Tatsache muss man leben lernen."[1]

Nach zahlreichen Pogromen und Vertreibungen im Spätmittelalter lebten Juden im 16. Jahrhundert rechtlich benachteiligt und sozial isoliert zumeist am Rande großer Städte oder hatten das Deutsche Reich verlassen. Luther selbst kannte persönlich kaum Juden. Wie die allermeisten seiner Zeitgenossen betrachtete er dennoch Zeit seines Lebens die jüdische Religion als Irrweg, zog jedoch in jungen und späteren Jahren unterschiedliche Konsequenzen aus diesem Vorurteil.

Zunächst hoffte Luther, dass sich im Zuge des reformatorischen Aufbruchs die Juden bekehren würden und warb in seiner 1523 erschienenen Schrift ‚Daß Jesus ein geborener Jude sei' für ein tolerantes, der Konversion förderliches Verhalten gegenüber Juden. „Luthers Vorschläge zielten auf eine weitgehende gesellschaftliche Integration der Juden in missionarischer Absicht."[2]

Luthers Enttäuschung über die ausbleibende Bekehrung, seine Sorge um den langfristigen politischen Erfolg der Reformation, aber ebenso die in seiner Theologie grundsätzlich tief verwurzelte antijüdische Polemik veranlassten ihn im Jahr 1543 zur Abfassung seiner für heutige Ohren unerträglichen antijüdischen Spätschriften, deren bekannteste den verleumderischen Titel „Von den Juden und ihren Lügen" trägt. Luther dämonisiert darin die Juden, brandmarkt ihre Existenz als Gefahr für das christliche Seelenheil und fordert die Obrigkeit dazu auf, ihre religiösen und wirtschaftlichen Existenzgrundlagen auf gewaltsame Weise zu zerstören, sie notfalls auch zu vertreiben. Leib und Leben der jüdischen Bevölkerung rät Luther nicht anzutasten, die von ihm in sieben Punkten ausgeführte sogenannte ‚scharfe Barmherzigkeit' intendiert jedoch eine völlige soziale Verelendung. Luther schreibt über weite Strecken hochpolemisch und lässt seiner Verachtung und Erbitterung gegenüber den Juden hemmungslos freien Lauf. Theologisch erweist er sich damit als „unglaubwürdiger Zeuge des Evangeliums im Verhältnis zu Israel". Auch mit Blick auf den Zeitgeist des Reformationsjahrhunderts fällt Luther hier besonders negativ auf, viele führende Reformatoren und Obrigkeiten lehnten die späten Judenschriften Luthers ab.

---

1 Marianne Awerbuch (jüdische Historikerin), Humanismus – Reformation und Judentum, in: Jahrbuch für Berlin-Brandenburgische Kirchengeschichte 55, Berlin 1985, 35.

2 Hans-Martin Kirn, Luther und die Juden, in: Handbuch Luther, hrsg. v. Albrecht Beutel, Tübingen ²2010, 219.

Nationalsozialisten und deutschchristlichen Theologen kamen sie im 20. Jahrhundert jedoch gerade recht. Insbesondere die Schrift „Von den Juden und ihren Lügen" erschien nach 1933 in verschiedenen Ausgaben. Auch wenn Luthers religiös begründeter Antijudaismus und der rassistisch-kriinell geprägte Antisemitismus des 19./20. Jahrhunderts in vielerlei Hinsicht unterschieden werden müssen, konnten seine Texte fatalerweise von den Nationalsozialisten nur allzu leicht für ihre Zwecke in Beschlag genommen werden. So manche von Luther vorgeschlagene Maßnahme gegen die jüdische Bevölkerung findet im Dritten Reich ihre Umsetzung. So brennen bspw. in der sogenannten Pogromnacht am 9. November 1938 in ganz Deutschland die Synagogen. Der Lutherexperte Peter von der Osten-Sacken kommt zu folgendem Urteil: „Diese Feststellung besagt nicht, dass Luther pauschal für das Aufkommen und die verbrecherische Geschichte dieses Antisemitismus verantwortlich zu machen wäre. Mit einer solchen Auffassung würde man [...] die Differenz der Zeiten und ihrer jeweiligen Gegebenheiten ignorieren – und nicht zuletzt das Faktum, dass niemand wissen kann und weiß, wie sich Luther 400 Jahre später verhalten hätte. [...] Partielle (punktuelle) und strukturale Affinität zwischen der Judenfeindschaft Luthers und dem späteren Antisemitismus haben es den Nationalsozialisten, nationalsozialistischen Christen und kirchlichen Gruppierungen leicht gemacht, sich für ihre destruktive Einstellung und für ihr zerstörerisches Wirken auf den Reformator zu berufen, auch wenn sie ihn damit auf das Ganze seiner Theorie gesehen wie auch unter ethischen Gesichtspunkten betrachtet, missbraucht haben."[3]

Insofern scheint eine kritische Aufarbeitung dieses dunklen Kapitels lutherischen Wirkens mehr als geboten, gleichwohl stehen die lutherischen Landeskirchen in Deutschland „noch immer am Anfang dieses Weges."[4] Drei Denkschriften der EKD (Juden und Christen I–III, 1975, 1991, 2000) formulieren eindrücklich ein völlig neues, auf theologischer Anerkennung basierendes Verhältnis der Evangelischen Kirche zur jüdischen Religion. Viele auch lutherische Gliedkirchen haben inzwischen Aussagen über ihr neues Verhältnis zum Judentum in ihre Verfassungen aufgenommen oder Erklärungen dazu abgegeben, lange Zeit jedoch ohne Luthers Erblast zu erwähnen. Als erste distanzierte sich 1998 (!) die Evangelisch-Lutherische Landeskirche von Bayern in einer Erklärung zum Thema ‚Christen und Juden' klar von jedwedem Antijudaismus in Luthers Theologie. Dieser späte Zeitpunkt verdeutlicht, wie schwer die ehrliche, kritische Auseinandersetzung mit der eigenen Geschichte fällt.

2. Lektürehinweise

Peter von der Osten-Sacken, Martin Luther und die Juden, Stuttgart 2002, 128–140; 271–314.

Hans-Martin Kirn, Luther und die Juden, in: Handbuch Luther, hrsg. v. Albrecht Beutel, Tübingen ²2010, 217–224.

Volker Leppin, Martin Luther, Darmstadt 2006, 340–344.

3. Didaktisch-methodischer Kommentar

M 1 Martin Luther: Von den Juden und ihren Lügen

Die SuS erarbeiten aus dem Text Luthers theologische Begründung für die von ihm geforderte sog. ‚scharfe Barmherzigkeit' gegenüber den Juden. Sie erkennen, dass Luther zwar das nackte Leben der Juden schont, ihnen jedoch nur eine

---

3 Peter von der Osten-Sacken, Martin Luther und die Juden, Stuttgart 2002, 297–299.

4 Peter von der Osten-Sacken, Martin Luther und die Juden, Stuttgart 2002, 306.

sklavenartige Existenz in der Gesellschaft zugesteht bzw. sie vertrieben sehen will (Aufgabe 1). Der Vergleich von Luthers Aussagen über die Juden mit dem Israel-Zeugnis des Neuen Testaments, wie es bspw. im Gleichnis vom Ölbaum (Röm 11,13–24) eindeutig positiv formuliert ist, zeigt eindrücklich, dass Luther getrieben von Hass und Verachtung seinen eigenen theologischen Maßstäben (sola scriptura) in dieser Frage nicht gerecht wird (Aufgabe 2). In einem Brief an Luther beziehen die SuS kritisch Stellung zu dessen Aussagen (Aufgabe 3). Er kann als Lernerfolgskontrolle dienen und motiviert zugleich für die Frage nach der Rezeption Luthers in der Zeit des Nationalsozialismus.

M 2 Richtlinien der Glaubensbewegung ,Deutsche Christen' vom 26. Mai 1926

M 3 „An Luthers Geburtstag brennen … die Synagogen"

Beide Texte geben einen Einblick in die Art und Weise der Lutherrezeption durch die ,Deutschen Christen'. Die SuS erarbeiten, dass Luthers polemischer Antijudaismus sich für eine Vereinnahmung durch die nationalsozialistische Ideologie einerseits geradezu anbot, er andererseits aber durch die unspezifische Bezugnahme auf den sog. ,deutschen Luthergeist' und v. a. die Vermischung seiner Äußerungen mit dem auf Vernichtung angelegten Antisemitismus missbraucht wurde.

M 4 Evangelisch-lutherische Landeskirche Bayern: Erklärung zum Thema „Christen und Juden" vom 24. November 1998

Die Erklärung zeigt exemplarisch die theologische Neuorientierung der Evangelischen Kirche Deutschlands im Verhältnis zur jüdischen Religion seit den 1970er Jahren. Der Vergleich mit Luther verdeutlicht den SuS die mit etwas Verzögerung, dann aber doch auch von vielen lutherischen Kirchen vollzogene Kehrtwendung (Aufgabe 1). Über 50 Jahre nach Ende des Zweiten Weltkriegs erklärt erstmalig eine evangelisch-lutherische Kirche Deutschlands ihre grundsätzliche Distanzierung von Luthers Antijudaismus in jeder Form. In einem fiktiven Interview erarbeiten die SuS die wegweisende Bedeutung der Erklärung, aber auch mögliche Gründe für ihren späten Erscheinungszeitpunkt (Aufgabe 2).

M 5 Umgang mit der Vergangenheit – Das Beispiel der Wittenberger Stadtkirche

Das künstlerische Ensemble an Luthers Predigtkirche, der Stadtkirche Wittenberg – das noch heute sichtbare antijüdische Wittenberger *Judensau-Relief*, die sich darüber befindende, auf Äußerungen Luthers in seinen antijüdischen Hetzschriften zurückgehende antijüdische *Inschrift* sowie die vor dem Relief in den Boden eingelassene *Gedenktafel* für die Opfer des Holocaust – dienen als eindrückliches Beispiel, um die Diskussion über einen angemessenen Umgang mit der Geschichte christlicher Judenfeindschaft anzustoßen und Grundsätze eines respektvollen Umgangs mit Menschen jüdischer Herkunft und ihrer Religion zu erörtern. Die SuS informieren sich über das Motiv der sog. Judensau und das Relief sowie die Gedenktafel an der Wittenberger Stadtkirche und bereiten die Diskussionen in Gruppenarbeit vor. Als Lernerfolgskontrolle können sie einen Brief an den Kirchenvorstand der Wittenberger Stadtkirche verfassen, in dem sie ihre Sichtweise über das Wittenberger Ensemble begründet darlegen.

M1a | Martin Luther:
Von den Juden und ihren Lügen

1 Aus diesem allen sehen wir Christen (denn sie, die Juden können's nicht sehen), welch ein schrecklicher Zorn Gottes über dies Volk gegangen ist und ohne Aufhören geht, welch ein Feuer und Glut da brennt und was die gewinnen, die Christus und seinen Christen fluchen oder feind sind …

5 Was sollen wir Christen nun tun mit diesem verworfenen verdammten Volk der Juden? Wir können es nicht ertragen, da sie nun einmal bei uns sind und uns solches Lügen, Lästern und Fluchen von ihnen bekannt ist; sonst machen wir uns zu Teilhabern ihrer Lügen, Flüche und Lästerungen. Und wir können auch das unauslöschliche Feuer göttlichen Zorns, wie die Propheten reden (Jer 4,4), nicht löschen und auch die Juden nicht bekehren. Wir müssen mit Gebet

10 und Gottesfurcht eine scharfe Barmherzigkeit üben, vielleicht können wir doch einige aus der Flamme oder Glut erretten. Rächen dürfen wir uns nicht: Sie haben die Rache tausendmal ärger am Hals, als wir ihnen wünschen können. Ich will meinen treuen Rat geben:

Erstens, dass man ihre Synagogen oder Schulen mit Feuer anstecke und was nicht verbrennt, mit Erde überhäufe und verschütte, damit auf ewig kein Mensch einen Stein oder Schlacke da-

15 von sehe. Und das soll man unserem Herrn und der Christenheit zu Ehren tun, damit Gott sehe, dass wir Christen sind und solches öffentliches Lügen, Fluchen und Lästern seines Sohnes und seiner Christen nicht wissentlich geduldet oder bewilligt haben …

Zum andern, dass man ihre Häuser ebenfalls zerbreche und zerstöre. Denn sie treiben darin genau dasselbe wie in ihren Schulen. Dafür kann man sie wie die Zigeuner unter ein Dach oder

20 in einen Stall tun, damit sie wissen, dass sie nicht Herrn in unserem Lande sind, wie sie sich rühmen, sondern dass sie im Elend und gefangen sind, wie sie ohne Unterlass vor Gott über uns Zeter schreien und klagen.

Zum Dritten, dass man ihnen alle ihre Betbüchlein und Talmudisten nehme, in denen solche Abgötterei, Lügen, Fluch und Lästerung gelehrt wird.

25 Zum Vierten, dass man ihren Rabbinern bei Leib und Leben verbiete, künftig zu lehren …

Zum Fünften, dass man für die Juden das Geleit und Straße ganz und gar untersage, denn sie haben nichts auf dem Lande zu schaffen, wie sie nicht Herren noch Amtleute noch Händler oder dergleichen sind …

Zum Sechsten, dass man ihnen den Wucher verbiete …

30 Zum Siebenten, dass man den jungen starken Juden und Jüdinnen Flegel, Axt, Hacke, Spaten, Rocken, Spindel in die Hand gebe und sie ihr Brot im Schweiß der Nase verdienen lasse, wie Adams Kindern auferlegt ist (Gen 3,19) …

Summa, liebe Fürsten und Herren, so Juden unter sich haben, ist euch solcher mein Rat nicht genehm, so trefft einen besseren … Und euch meine lieben Herren und Freunde, so Pfarrer und

35 Prediger sind, will ich ganz treulich hiermit eures Amts erinnert haben, dass auch ihr eure Gemeindeglieder warnt … sich vor den Juden zu hüten und sie meiden, wo sie können, (doch) nicht dass sie ihnen viel fluchen oder persönliches Leid antun sollten.

Unseren Oberherrn, die Juden unter sich haben, wünsche ich und bitte, dass sie eine scharfe Barmherzigkeit gegen diese elenden Leute üben wollten, wie droben gesagt ... Will das nicht
40 helfen, müssen wir sie wie die tollen Hunde ausjagen, damit wir nicht ihrer gräulichen Lästerungen und aller Laster teilhaftig mit ihnen Gottes Zorn verdienen und verdammt werden ... Meines Gutdünkens will's doch da hinaus: sollen wir (von) der Juden Lästerung rein bleiben und nicht teilhaftig werden, so müssen wir geschieden sein und sie aus unserem Lande vertrieben werden.

Auszug aus: Martin Luther, Von den Juden und ihren Lügen, in: WA 53, Stuttgart 1996, 522–541.

1. Erarbeiten Sie Antworten auf folgende Fragestellungen:

   a. Aus welchen Gründen will Luther gegen Juden vorgehen?

   b. Welche Folgen hätten all diese Maßnahmen für die Juden?

   c. In welcher Art und Weise formuliert Luther?

2. Vergleichen Sie die Äußerungen Luthers über die Juden mit denen aus dem Gleichnis des Ölbaums (Röm 11,13–24).

3. Schreiben Sie einen fiktiven Brief an Luther, in dem Sie zu seinen Äußerungen aus heutiger Sicht Stellung beziehen. Argumentieren Sie theologisch und historisch.

M2 | Richtlinien der Glaubensbewegung ‚Deutsche Christen' vom 26. Mai 1926

1 1. Diese Richtlinien wollen allen gläubigen deutschen Menschen Wege und Ziele zeigen, wie sie zu einer Neuordnung der Kirche kommen. Diese Richtlinien wollen weder ein Glaubensbekenntnis sein oder ersetzen, noch an den Bekenntnisgrundlagen der evangelischen Kirche rütteln. Sie sind ein Lebensbekenntnis.

5 2. Wir kämpfen für einen Zusammenschluss der im ‚Deutschen Evangelischen Kirchenbund' zusammengefassten 29 Kirchen zu einer evangelischen Reichskirche …

3. Die Liste „Deutsche Christen" will keine kirchenpolitische Partei in dem bisher üblichen Sinne sein. Sie wendet sich an alle evangelischen Christen deutscher Art …

4. Wir stehen auf dem Boden des positiven Christentums. Wir bekennen uns zu einem bejahen-
10 den artgemäßen Christusglauben, wie er dem deutschen Luthergeist und heldischer Frömmigkeit entspricht …

7. Wir sehen in Rasse, Volkstum und Nation uns von Gott geschenkte und anvertraute Lebensordnungen, für deren Erhaltung zu sorgen, uns Gottes Gesetz ist. Daher ist der Rassenmischung entgegenzutreten. Die deutsche Äußere Mission ruft auf Grund ihrer Erfahrung dem
15 deutschen Volke seit langem zu: „Halte deine Rasse rein!" und sagt uns, daß der Christusglaube die Rasse nicht zerstört, sondern vertieft und heiligt.

8. Wir sehen in der recht verstandenen Inneren Mission das lebendige Tatchristentum, das aber nach unserer Auffassung nicht im bloßen Mitleid, sondern im Gehorsam gegen Gottes Willen und im Dank gegen Christi Kreuzestod wurzelt. Bloßes Mitleid ist Wohltätigkeit und wird zur
20 Überheblichkeit, gepaart mit schlechtem Gewissen, und verweichlicht ein Volk. Wir wissen etwas von der christlichen Pflicht und Liebe dem Hilflosen gegenüber, wir fordern aber auch Schutz des Volkes vor den Untüchtigen und Minderwertigen. Die Innere Mission darf keinesfalls zur Entartung unseres Volkes beitragen …

9. In der Judenmission sehen wir eine schwere Gefahr für unser Volkstum. Sie ist das Eingangs-
25 tor fremden Blutes in unsern Volkskörper. Sie hat neben der Äußeren Mission keine Daseinsberechtigung. Wir lehnen die Judenmission in Deutschland ab, solange die Juden das Staatsbürgerrecht besitzen und damit die Gefahr der Rassenverschleierung und -bastardisierung besteht. Die Heilige Schrift weiß auch etwas zu sagen von heiligem Zorn und sich versagender Liebe. Insbesondere ist die Eheschließung zwischen Deutschen und Juden zu verbieten …

Auszug aus: Die Richtlinien vom 26. Mai 1932, am 6. Juni öffentlich bekanntgegeben, in: Kirchen- und Theologiegeschichte in Quellen, Bd. 5, hrsg. v. Martin Greschat und Hans-Walter Krumwiede, Neukirchen-Vluyn 1999, 80.

---

1. Erläutern Sie die ideologischen Grundlagen der ‚Deutschen Christen'.

2. Erörtern Sie, inwieweit sich die ‚Deutschen Christen' zu Recht auf den ‚deutschen Luthergeist' berufen.

1 Ein Jahr später, im November 1938, brennen in Deutschland die Synagogen. Am 23. November 1938 verfasst der Landesbischof Martin Sasse die Schrift ‚Martin Luther über die Juden: Weg mit ihnen!' Vorangestellt ist als Leitwort Joh 8,44. Sasses erster Satz hat den Wortlaut: „Am 10. November 1938, an Luthers Geburtstag, brennen in Deutschland die Synagogen." Welch eine Ver-
5 bindung – hier, von Sasse, als Erfüllung Luthers verstanden. „Die Macht der Juden auf wirtschaftlichem Gebiete [1938!] im neuen Deutschland [ist] endgültig gebrochen und damit der gottgesegnete Kampf des Führers zur vollen Befreiung unseres Volkes gekrönt." Und weiter: „In dieser Stunde muß die Stimme des Mannes gehört werden, der als der Deutsche Prophet im 16. Jahrhundert aus Unkenntnis einst als Freund der Juden begann, der, getrieben von seinem
10 Gewissen, getrieben von den Erfahrungen und der Wirklichkeit, der größte Antisemit seiner Zeit geworden ist, der Warner seines Volkes wider die Juden." Bevor Sasse unter der Überschrift „Luther klagt an: Von den Juden und ihren Lügen – Die Notwendigkeit der Judenbekämpfung" entsprechend der antisemitischen Praxis ein Lehrbuch zum Judenhaß aus Luther-Zitaten zusammenstellt, erklärt er dem Leser seine Absicht: „In dieser Schrift soll nur Luther mit seinen eigenen
15 Worten zu uns reden. Seine Stimme ist auch heute noch gewaltig" ...

Auszug aus: Günther B. Ginzel, Martin Luther: Kronzeuge des Antisemitismus,
in: Die Juden und Martin Luther – Martin Luther und die Juden: Geschichte, Wirkungsgeschichte,
Herausforderung, hrsg. v. Heinz Kremers, Neukirchen-Vluyn 1985, 207. Ginzel zitiert aus der Einleitung
der Schrift von Martin Sasse, Martin Luther über die Juden: Weg mit ihnen!, 1938, 2 f.

1. Untersuchen Sie, in welcher Art und Weise Sasse Luther rezipiert.

2. Diskutieren Sie, mit welchem Recht sich Nationalsozialisten wie Martin Sasse auf Luther berufen konnten.

M4 | Evangelisch-lutherische Landeskirche Bayern: Erklärung zum Thema „Christen und Juden" vom 24. November 1998

1 ### I. Der in der evangelischen Kirche erreichte Konsens
1. Die gemeinsame Wurzel von Judentum und Christentum
Jüdischer Glaube und christlicher Glaube leben aus einer gemeinsamen biblischen Wurzel. Juden und Christen bekennen sich zu dem einen Gott, dem Schöpfer und Erlöser. Juden und Chris-
5 ten verstehen sich beide als Volk Gottes. Juden und Christen sprechen ihren Glauben in ihren Gottesdiensten aus, in dem sich vielfältige Gemeinsamkeiten finden. Juden und Christen sind in ihrem Glauben bestimmt durch die Wechselbeziehungen zwischen Gerechtigkeit und Liebe. Juden und Christen leben auch in der Trennung aus der gemeinsamen Geschichte Gottes mit seinem Volk, deren Vollendung sie erwarten.

10 Diese Gemeinsamkeiten haben Christen über Jahrhunderte hinweg vergessen und verleugnet, missdeutet und uminterpretiert. Auch deshalb konnte es zu den schrecklichen Verfolgungen und Ermordungen von jüdischen Menschen kommen, an denen Christen beteiligt waren, die von Christen ausgingen oder von Christen geduldet wurden. In den deutschen evangelischen Kirchen haben wir im Verlauf der letzten Jahrzehnte zu der für uns wichtigen Erkenntnis
15 gefunden, daß wir einen Neuanfang machen müssen …

3. Luther und die Juden
Es ist für eine evangelisch-lutherische Kirche, die sich dem Werk und Erbe Martin Luthers verpflichtet weiß, unerlässlich, auch seine antijüdischen Äußerungen wahrzunehmen, ihre theologische Funktion zu erkennen und ihre Wirkung zu bedenken. Sie hat sich von jedem Antijuda-
20 ismus in lutherischer Theologie zu distanzieren. Hierbei müssen nicht nur seine Kampfschriften gegen die Juden, sondern alle Stellen im Blick sein, an denen Luther den Glauben der Juden pauschalisierend als Religion der Werkgerechtigkeit dem Evangelium entgegensetzt …

5. Verantwortung der Christen gegenüber Juden
Bei Anerkenntnis der bleibenden Erwählung des jüdischen Volkes und der zentralen Bedeutung
25 des christlich-jüdischen Verhältnisses wird Antijudaismus als dem innersten Wesen des christlichen Glaubens entgegengesetzt erkannt. Deshalb gehört es zu den ureigensten Aufgaben der Kirche, sich von jeglicher Judenfeindschaft loszusagen, ihr dort, wo sie sich regt, zu widerstehen und sich um ein Verhältnis zu Juden und zu jüdischer Religion zu bemühen, das von Respekt, Offenheit und Dialogbereitschaft geprägt ist.

Auszug aus: Evangelisch-lutherische Landeskirche Bayern: Erklärung zum Thema „Christen und Juden" vom 24. November 1998, in: Die Kirchen und das Judentum, Dokumente von 1986–2000, hrsg. v. Hans Hermann Henrix und Wolfgang Kraus, Paderborn und Gütersloh 2001, 805–812.

1. Erarbeiten Sie die theologischen Aussagen über das Verhältnis zwischen Juden und Christen. Vergleichen Sie mit den Äußerungen Luthers (**M 1**).

2. Bereiten Sie ein Interview mit dem Bischof der Evangelisch-Lutherischen Kirche in Bayern zu Bedeutung und Erscheinungszeitpunkt der Erklärung vor.

Wittenberg, Stadtkirche.–„Judensau". Relief, um 1440. © akg-images/Schütze/Rodemann

1 In seiner 1543 erschienenen antijüdischen Schmähschrift ‚Vom Schem Hamphoras und vom Geschlecht Christi' äußerte sich Luther folgendermaßen über die ‚Judensau' an seiner Predigtkirche, der Wittenberger Stadtkirche St. Marien:

„Es ist hier zu Wittenberg an unserer Pfarrkirche eine Sau in Stein gehauen. Da liegen Ferkel
5 und Juden drunter, die saugen. Hinter der Sau steht der Rabbiner,[5] der hebt der Sau das rechte
Bein empor und mit seiner linken Hand zieht er den Bürzel[6] über sich, bückt (sich) und guckt mit
großem Fleiß der Sau unter den Bürzel in den Talmud[7] hinein, als wollte er etwas Scharfes und
Sonderliches lesen und ersehen. Dasselbst haben sie gewisslich ihr Schem Hamphoras."

Martin Luther, WA 53.600,7– 601,17 ‚Vom Schem Hamphoras und vom Geschlecht Christi'
zit. nach Bienert, Stuttgart 1996, 165.

---

5 jüdischer Geistlicher bzw. Religionslehrer
6 Schwanz
7 jüdischer Auslegung zur Hebräischen Bibel, insbesondere zu den fünf Büchern Mose

M5b | Umgang mit der Vergangenheit – Das Beispiel der Wittenberger Stadtkirche

Information zum Motiv der Judensau

10 Schmäh- und Spottbilder mit dem Motiv der Judensau waren seit dem 12. Jahrhundert in ganz Europa, v.a. aber im deutschen Sprachraum weit verbreitet und spiegeln die zunehmende christliche Judenfeindschaft wider. Die Darstellungen zeigen Juden in intimer Beziehung zu Schweinen. Sie demütigen diese in besonders verleumderischer Weise, da das Schwein in der jüdischen Religion als unrein gilt und nicht gegessen werden darf (Lev 11,7–8) sowie die Tora Inti-
15 mitäten zwischen Mensch und Tier als todeswürdiges Vergehen bezeichnet (Ex 22,18). Das Wit-
tenberger Relief ist seit 1305 an der Stadtkirche bezeugt und entstand vermutlich als Zeichen der Abschreckung im Zusammenhang mit einer Judenvertreibung aus der Stadt Wittenberg. Die Juden und ihre religiösen Gefühle tief verletzende Inschrift ‚Rabini Schem Hamphoras‘ ist unter dem Eindruck von Luthers antijüdischen Schmähschriften Mitte des 18. Jahrhunderts ein-
20 gemeißelt worden.

Die Nationalsozialisten griffen die Bezeichnung auch in umgekehrter Weise ‚Saujude‘ auf und verwendeten sie als Hetzparole gegen Juden.

Information zur Bezeichnung ‚Schem Hamphoras‘

‚Schem ham‘forásch‘ ist hebräisch und eine Umschreibung des Namens Gottes im Sinne von ‚der
25 Gott eigene Name‘. Wörtlich: schem – Name, ha – Genetivpartikel, mefaresch – erläutern, erklä-
ren, umschreiben. Der Name Gottes, das sog. Tetragramm JHWH, gilt in der jüdischen Religion als so heilig, dass er nicht ausgesprochen wird.

Gedenkplatte

Gedenkplatte an der Stadtkirche in Wittenberg,
© Jürgen M. Pietsch, edition AKANTHUS

1988 schuf der Bildhauer Wieland Schmiedel eine Erinnerungsplakette für die Opfer des Holocaust. Die Plakette wurde in den Boden unterhalb der Skulptur eingelassen, um auf die histori-
30 schen Folgen des Judenhasses hinzuweisen. Sie stellt eine mit Stacheldraht in Kreuzesform ver-
siegelte Bibel dar; die Texteinfassung zitiert in hebräischer Sprache einen Psalmvers (Ps 130,1):
„Aus der Tiefe rufe ich, Herr, zu dir." Ergänzend heißt es mit Worten des Berliner Schriftstellers
Jürgen Rennert: „Gottes eigentlicher Name, der geschmähte Schem-Ha-mphoras, den die Juden vor den Christen fast unsagbar heilig hielten, starb in sechs Millionen Juden unter einem
35 Kreuzeszeichen."

Das Mahnmal erinnert daran, „dass Schuld nicht zugedeckt werden kann, sondern immer wieder hervorquillt. Es zeigt vier Trittplatten, die etwas verdecken wollen, aber, das, was zugedeckt
werden soll, lässt sich nicht verdrängen: Es meldet sich, indem es aus allen Fugen hervorquillt.
Die Quetschungen in den Fugen der Trittplatten ergeben ein Kreuz, als Zeichen für Schuld und
40 Versöhnung."[8]

„Bei allem Respekt vor dieser Tafel empfinde ich sie als irritierend und unvollständig. Die Er-
mordung von sechs Millionen Juden geschah nicht unter dem christlichen Kreuzeszeichen,
sondern unter dem Hakenkreuz … Die Feststellung, dass der bereits vor Jahrhunderten geschmähte, den Juden heilige Gottesname zusammen mit den Ermordeten ‚starb', klingt fast wie
45 ein später Triumph und muß nicht zutreffen. Denkbar ist, dass er bei wenigen Überlebenden
weiterexistierte und bis heute verehrt wird. Auf der Tafel fehlen Worte der Trauer und Reue sowie die Mahnung, dass das Geschehene weder vergessen werden noch sich in irgendeiner Form
wiederholen darf."[9]

1. Erörtern Sie, ob das Relief mit der Darstellung der Judensau an der Wittenberger Stadtkirche verbleiben oder entfernt werden soll.

2. Diskutieren Sie die Ortswahl und die Gestaltung der Gedenkplatte.

8 Christian Meyer, Schmähdarstellungen des Typs ‚Judensau' und des christlichen Antijudaismus, www.meyer-
schodder.eu/antisemitismus.html
9 http://www.hjcaspar.de/hpxp/gldateien/jus.htm

Baustein 4:
Wort Gottes und Aufklärung –
Vom rechten Umgang mit der Bibel

1. Kirchengeschichtliche Einführung

Die Bibel – offenbartes Wort Gottes oder menschliches Glaubenszeugnis, verbalinspiriert oder historisches Dokument? Der Streit um die Autorität der Heiligen Schrift ist wohl so alt wie das Buch selbst.

Auch für Martin Luther bildete die Frage nach dem rechten Verständnis der Heiligen Schrift einen zentralen Streitpunkt. In Abgrenzung zur Kirche seiner Zeit formulierte er ein völlig neues Schriftverständnis.

„Die Bibel war für Luther das hinreichende, ja das vollständige Offenbarungswort Gottes. Insofern konnte er sogar zugespitzt sagen, die Heilige Schrift sei Gott selbst (WA 50; 657,26 f.) und darum für den Glauben nicht nur die oberste, sondern die einzige Autorität: (sola scriptura)."[1] Alle anderen Schriften sind ihr nachgeordnet und haben keinerlei Heilsverbindlichkeit. Die Bibel stellte für Luther nicht nur die wesentliche Grundlage für alle Lehre und Verkündigung dar, sondern er verstand sie als *das* Medium, durch welches Gott auch heute noch direkt zu den Menschen spricht. In seinem Wort kommt Gott den Menschen nahe. Es übersteigt alle menschliche Vernunft und hat den Glauben zum Ziel. Deshalb war es ihm ein großes Anliegen, die Bibel ins Deutsche zu übersetzen und sich stets an der sprachlichen Ursprungsgestalt der Texte zu orientieren.

In der Zeit der lutherischen (altprotestantischen) Orthodoxie, die sich als Bewahrerin der reinen lutherischen Lehre verstand und die nach Luthers Tod bis ins 18. Jahrhundert die wesentliche theologische Strömung darstellte, erstarrte Luthers Schriftprinzip, das ihm durchaus Auslegungsspielraum gestattete, zunehmend im Dogma der Verbalinspiration. Nach diesem Verständnis hat Gott den Verfassern der Bibel jedes Wort einzeln eingegeben, ist die Bibel somit ohne den geringsten Auslegungsspielraum wortwörtlich für wahr zu halten. Die Vernunft ist der Offenbarung strikt untergeordnet. Im Zeitalter der Aufklärung gerät diese Art des Umgangs mit der Bibel zunehmend in die Kritik. Die Vernunft sollte in unterschiedlicher Radikalität zum Maßstab des Verstehens werden.

Einen entscheidenden Impuls erhielt diese Diskussion durch die Veröffentlichung der ‚Fragmente eines Ungenannten' durch Gotthold Ephraim Lessing zwischen 1774 und 1778. Aus Sicherheitsgründen tarnte Lessing die Schriftstücke als Funde aus der Wolfenbütteler Bibliothek. In Wirklichkeit stammten sie aus dem Werk ‚Apologie oder Schutzschrift für die vernünftigen Verehrer Gottes' von Herman Samuel Reimarus. Der Gelehrte hatte zu Lebzeiten eine Veröffentlichung abgelehnt, da er heftige Angriffe seitens der vorherrschenden lutherischen Orthodoxie erwartete. Reimarus übte in seiner Schrift eine radikale Bibel- und Kirchenkritik und äußerte vor dem Hintergrund eines deistischen Standpunktes grundsätzliche Zweifel an der Wahrheit der Offenbarung, da sie offen-

---

1 Albrecht Beutel, Wort Gottes, in: Luther Handbuch, hrsg. v. Albrecht Beutel, Tübingen ²2010, 367.

sichtlich aller Vernunft widerspreche. Lessing beabsichtigte nunmehr mit der Herausgabe eine öffentliche Diskussion über die in vielen Köpfen längst angestoßenen Fragen nach dem Stellenwert der Bibel und dem Verhältnis von Vernunft und Offenbarung anzustoßen. Er teilte Reimarus Radikalität keineswegs, warb aber für Toleranz und freie Meinungsäußerung.

Lessing selbst beginnt die Diskussion 1777 mit den ‚Gegen-Sätzen des Herausgebers‘ und umreißt darin thesenartig seine Position. Er grenzt sich sowohl gegenüber der lutherischen Orthodoxie als auch gegenüber neueren deistischen Strömungen ab. Beide verstanden letztlich die Bibel wörtlich. Verlangte das Dogma der Verbalinspiration ein wörtliches Für-wahr-Halten, lehnte Reimarus alles, was vor der Vernunft nicht bestehen konnte, als unwahr ab. Lessing hingegen versteht die Bibel als einer der Ersten als historisches Dokument. Sie ist von Menschen mit zeitlichem Abstand zu den Ereignissen, von denen sie berichtet, geschrieben. Er unterscheidet zudem zwischen Buchstaben und Geist bzw. Bibel und Christentum. Unabhängig von aller biblischen Erzählung existiert für ihn eine Wahrheit des Christentums, die letztlich in der Vernunft begründet ist. Die Offenbarung versteht Lessing als historisch bedingte, erzieherische Schrift Gottes, durch die der Mensch zur vernünftigen Erkenntnis des ethisch Guten gelangen soll und die sich von daher, so Lessings Zukunftsvision, überflüssig machen wird.

Lessing relativierte die Bedeutung der Bibel und grenzt sich damit auch von Luthers Schriftverständnis ab, dem er Abgötterei mit der Bibel vorwarf. Er schätzte den Reformator, der sich von den Zwängen der Tradition befreit hatte und die Unterwerfung unter den Papst mutig verweigert hatte, sehr und verstand sein Engagement als Fortsetzung von Luthers Werk. Seine ‚Reformation‘ nun sollte die Befreiung vom Joch des Buchstabens bringen.

Mit seinen Veröffentlichungen löste er den sog. Fragmentenstreit aus. Da sein prominenter Hauptgegner Pastor Goeze ihm nicht nur religionskritische, sondern auch politische Angriffe auf die (von Gott gegebene) Obrigkeit vorwarf, untersagte der Herzog von Braunschweig 1778 die öffentliche Fortsetzung des Streites. Lessing formulierte seine Gedanken nun als Schauspiel in ‚Nathan, der Weise‘.

Die Kontroverse des 18. Jahrhunderts ist bis zum heutigen Tag aktuell. Nach Ende des Zweiten Weltkrieges gewann sie erneut an Schärfe. Stellvertretend für zahlreiche fundamentalistische oder evangelikale Strömungen innerhalb der evangelischen Kirche Deutschlands sei die Bekenntnisbewegung „Kein anderes Evangelium" (BB) genannt. Sie wurde 1966 im Zuge der Auseinandersetzungen mit der kritischen Theologie (Entmythologisierung, existenziale Interpretation) Rudolf Bultmanns gegründet. Bereits auf der ersten öffentlichen Kundgebung versammelten sich über 20.000 Anhänger. Die Bewegung agierte bald deutschlandweit und ist bis heute führendes Mitglied aller in der Konferenz „Bekennender Gemeinschaften in den Evangelischen Kirchen Deutschlands‘ vereinten evangelikalen Werke. 1967, anlässlich des 450. Reformationsgedächtnisses, verabschiedeten die Anhänger der BB die maßgeblich von Rudolf Bäumer und Walter Künneth verfasste ‚Düsseldorfer Erklärung‘. In dieser sind in sieben Punkten die aus Sicht der BB zentralen biblischen Wahrheiten in Abgrenzung zu den ‚Irrlehren‘ der wissenschaftlichen Theologie, deren Erkenntnisse inzwischen Eingang in zahlreiche Kirchgemeinden gefunden hatten. Sie wirft der modernen Theologie vor, durch den vernunftgeleiteten historisch-kritischen Umgang die Autorität der Bibel als unfehlbare Offenbarung Gottes zu zerstören. Offenbarung contra Vernunft – so lautet die alte, neue Frontstellung. „Verantwortliche Schriftauslegung muß beachten, daß uns die Offenbarung Gottes in der Schrift als einzige Norm gegeben ist. Eine zweite Instanz wie autonome Vernunft oder modernes Wahrheitsbewußtsein kann nicht neben sie treten. ... Der in der Schrift begegnende Heilige

Geist will den Ausleger verwandeln."[2] In unzulässiger Verzerrung der historischen Auseinandersetzungen um die Unterscheidung zwischen Menschenwort und Gotteswort sieht sich die BB in der Nachfolge der lutherischen Reformation als auch der Bekennenden Kirche. An letztere knüpft sowohl der Name der Bewegung als auch die im Stil der Barmer Theologischen Erklärung verfasste Düsseldorfer Erklärung an. Die BB erklärt latent fundamentalistisch, die einzig richtige Auslegung der Bibel zu praktizieren und damit ihre Wahrheit zu kennen. Sie läuft somit Gefahr, das Evangelium zu ideologisieren.

Angesichts dessen scheint Lessings Forderung, nicht Wahrheit zu behaupten, sondern mit Toleranz darüber zu streiten, hochaktuell.

2. Lektürehinweise

Albrecht Beutel, Wort Gottes, in: Luther Handbuch, hrsg. v. Albrecht Beutel, Tübingen [2]2012, 362–371.

Bernhard Lohse, Martin Luther, Eine Einführung in sein Leben und Werk, München [3]1997, 190–193.

Monika Fick, Lessing-Handbuch, Leben – Werk – Wirkung, Stuttgart, Weimar 2000, 344–365.

Weg und Zeugnis, Dokumente und Texte der Bekenntnisgemeinschaften zur kirchlichen Zeitgeschichte 1980 bis 1995, Lahr 1998.

---

2 Gerhard Maier, Was bei der Auslegung der Schrift zu beachten ist, Fünf Thesen 1992, in: Weg und Zeugnis, Lahr 1998, 179.

3. Didaktisch-methodischer Kommentar

M 1 Die Bibel – das Wort Gottes!?

Die SuS reflektieren in Auseinandersetzung mit verschiedenen Thesen zu Autorität und angemessenem Umgang mit der Bibel ihr eigenes Bibelverständnis.

M 2 Gotthold Ephraim Lessing: Gegensätze des Herausgebers zu den Papieren des Ungenannten 1777

Der Textausschnitt gibt einen Einblick in Lessings aufklärerisches Verständnis der Heiligen Schrift. Durch die detaillierte Analyse des Textes erarbeiten die SuS Lessings zentrale Unterscheidung von Bibel/Buchstaben auf der einen Seite und Geist/Religion auf der anderen Seite (Aufgabe 1). Sie erläutern Lessings Wahrheitsbegriff in Relation zu seinem Bibel- und Religionsverständnis (Aufgabe 2) und diskutieren sich daraus ergebende Konsequenzen für einen angemessenen Umgang mit der Bibel (Aufgabe 3).

M 3 Düsseldorfer Erklärung der Bekenntnisbewegung „Kein anderes Evangelium" 1967

Der Textauszug gibt Einblick in ein der Position Lessings diametral entgegengesetztes Bibelverständnis. Die SuS erarbeiten die ablehnende Haltung der evangelikal und latent fundamentalistisch ausgerichteten Bekenntnisbewegung gegenüber einer wissenschaftlichen allein auf Vernunft gründenden Untersuchung der Bibel (Aufgabe 1) sowie das damit einhergehende Verständnis Bibel als offenbartes Wort Gottes, das sich nur durch die Wirkung des Heiligen Geistes erschließen lässt (Aufgabe 2). Die SuS vergleichen die (Extrem-)Positionen (M 2 und M 3) und gelangen durch die kritische Auseinandersetzung zu einer begründeten eigenen Positionierung (Aufgabe 3).

M 4 Auf der Suche nach Wahrheit – Podiumsdiskussion

Die SuS gestalten im Geiste Lessings eine Podiumsdiskussion (Aufgabe 2) zu den Fragen nach der Autorität der Heiligen Schrift und nach angemessenen Wegen der Auslegung. Sie reflektieren dabei vertiefend die in **M 2** und **M 3** dargestellten Positionen und formulieren eine eigene Stellungnahme (Aufgabe 1). Aufgabe 1 kann auch als Lernerfolgskontrolle dienen. (Einzelne SuS können die Position Lessings bzw. eines Bekenntnisanhängers vertreten.)

M1 | Die Bibel – das Wort Gottes!?

1 Die Frage nach der Autorität und dem angemessenen Umgang mit der Bibel hatte für Martin Luther zentrale Bedeutung. Sie wird bis zum heutigen Tag höchst unterschiedlich beantwortet:

(1) Wer einen Gott hat on sein wort, der hat keinen Gott, denn der rechte Gott hat unser leben, wesen, stand, ampt, reden, thun, lassen, leiden und alles inn sein wort gefasset und furgebildet,
5 das wir ausser seinem wort nichts suchen noch wissen durffen sollen, auch von Gott selbs nicht. Denn er will von uns ausser seinem wort mit unserm tichten und nach dencken unbegriffen, ungesucht, ungefunden sein.

Martin Luther, WA 30,3; 213, Stuttgart 1996, 34–39.

(2) Der Buchstabe ist nicht der Geist; und die Bibel ist nicht die Religion.

Gotthold Ephraim Lessing, Lessings Werke Bd. 8, Frankfurt am Main 1967, 312.

(3) Die Gewissheit im Bezeugen der rechten Lehre und der Auslegung des Wortes Gottes kann
10 nur unter der Zucht und Vollmacht des Heiligen Geistes gewonnen werden. [Dieser] … gibt auch die Gewissheit im Verstehen des Wortes."

Carlo Büchner, Kein anderes Evangelium 1967, in: Weg und Zeugnis, Lahr 1998, 46.

(4) Wir bejahen, dass die Schrift, durch göttliche Inspiration gegeben, unfehlbar ist; sie leitet uns also nicht in die Irre, sondern ist im Blick auf alle Bereiche, zu denen sie spricht, wahr und zuverlässig.

Infobrief des Internationalen Rates für Biblische Irrtumslosigkeit, Chicago 1977.
Der christlich fundamentalistisch ausgerichtete Internationale Rat für Biblische Irrtumslosigkeit
wurde 1977 in Chicago gegründet. Seine Äußerungen hatten auch für evangelikale Bewegungen wie
die Bekenntnisbewegung ‚Kein anderes Evangelium' Gewicht.

1. Ordnen Sie die Aussagen auf folgender Skala an. Begründen Sie jeweils Ihre Entscheidung.

   |———|

   Stimme voll und ganz zu.   Stimme überhaupt nicht zu.

2. Formulieren Sie thesenartig Ihr eigenes Bibelverständnis und Ihre Ansicht über einen angemessenen Umgang mit der Bibel.

Gotthold Ephraim Lessing: Gegensätze des Herausgebers zu den Papieren des Ungenannten 1777 | M2a

1 Im Jahre 1777 veröffentlichte Lessing fünf Fragmente aus dem umfangreichen Werk seines verstorbenen Freundes Herman Samuel Reimarus ‚Apologie oder Schutzschrift für die vernünftigen Verehrer Gottes'. Der Autor übte darin eine radikale Bibel- und Religionskritik, die Lessing so zwar nicht teilte, aber als Anstoß zu einer grundsätzlichen Diskussion über das Verständnis und

5 den Stellenwert der Bibel für veröffentlichungswert hielt. Aus Sicherheitsgründen tarnte der Herausgeber die Schriften, die in großem Kontrast zu dem damals üblichen wörtlichen Bibelverständnis und der Lehre der Verbalinspiration standen, allerdings als anonyme Fundstücke aus der Wolfenbüttler Bibliothek. Er kommentierte sie in den ‚Gegensätzen des Herausgebers zu den Papieren des Ungenannten', in denen er sein eigenes Bibelverständnis darlegte:

10 „Und nun genug dieser Fragmente! Wer von meinen Lesern mir sie aber lieber ganz geschenkt hätte, der ist sicherlich furchtsamer als unterrichtet. Er kann ein sehr frommer Christ sein, aber ein sehr aufgeklärter ist er gewiß nicht. Er kann es mit seiner Religion herzlich gut meinen: nur müsste er ihr auch mehr zutrauen.

Denn wie vieles lässt sich noch auf alle diese Einwürfe und Schwierigkeiten antworten! Und

15 wenn sich auch schlechterdings nichts darauf antworten ließ: was dann? Der gelehrte Theolog könnte am Ende darüber verlegen sein: aber auch der Christ? Der gewiß nicht. Jenem höchstens könnte es zur Verwirrung gereichen, die Stützen, welche er der Religion unterziehen wollte, so erschüttert zu sehen; die Strebepfeiler so niedergerissen zu finden, mit welchen er, wenn Gott will, sie so schön verwahrt hatte. Aber was gehen den Christen dieses Mannes Hypothesen und

20 Erklärungen und Beweise an? Ihm ist es doch einmal da, das Christentum, welches er so wahr, in welchem er sich so selig fühlet. …

Kurz: der Buchstabe ist nicht der Geist; und die Bibel ist nicht die Religion. Folglich sind Einwürfe gegen den Buchstaben und gegen die Bibel nicht eben auch Einwürfe gegen den Geist und gegen die Religion.

25 Denn die Bibel enthält offenbar mehr als zur Religion Gehöriges: und es ist bloße Hypothes, daß sie in diesem mehrern gleich unfehlbar sein müsse. Auch war die Religion ehe eine Bibel war. Das Christentum war ehe Evangelisten und Apostel geschrieben hatten. Es verlief eine geraume Zeit, ehe der erste von ihnen schrieb; und eine sehr beträchtliche, ehe der ganze Kanon zustande kam. Es mag also von diesen Schriften noch so viel abhängen: so kann doch unmög-

30 lich die ganze Wahrheit der Religion auf ihnen beruhen. War ein Zeitraum, in welchem sie bereits so ausgebreitet war, in welchem sie bereits sich so vieler Seelen bemächtigt hatte und in welchem gleichwohl noch kein Buchstabe aus dem von ihr aufgezeichnet war, was bis auf uns gekommen: so muß es auch möglich sein, daß alles, was Evangelisten und Apostel geschrieben haben, wiederum verloren ginge und die von ihnen gelehrte Religion doch bestände. Die Religion

35 ist nicht wahr, weil die Evangelisten und Apostel sie lehrten: sondern sie lehrten sie, weil sie wahr ist. Aus ihrer innern Wahrheit müssen die schriftlichen Überlieferungen erklärt werden, und alle schriftlichen können ihr keine innere Wahrheit geben, wenn sie keine hat.

M2b | Gotthold Ephraim Lessing: Gegensätze des Herausgebers zu den Papieren des Ungenannten 1777

Dieses also wäre die allgemeine Antwort auf einen großen Teil dieser Fragmente, wie gesagt, in dem schlimmsten Falle. In dem Falle, daß der Christ, welcher zugleich Theolog ist, in dem
40 Geiste seines angenommenen Systems nichts Befriedigendes darauf zu antworten wisse. Aber ob er das weiß, woher soll er selbst die Erfahrung haben, woher sollen wir es ihm zutrauen, wenn es nicht erlaubt sein soll, alle Arten von Einwürfen frei und trocken herauszusagen?"

Auszug aus: Gotthold Ephraim Lessing, Gegensätze des Herausgebers zu den Papieren des Ungenannten, in: Werke Bd. 8 1774–1778, hrsg. v. Arno Schilson, Frankfurt am Main 1989, 312–313.

1. Notieren Sie alle Aussagen, die Lessing über die Bibel (den Buchstaben) und über die Religion (den Geist) trifft.

2. Erläutern Sie, in welcher Relation Bibel und Wahrheit sowie Religion und Wahrheit nach Lessings Ansicht stehen.

3. Diskutieren Sie, wie man nach Lessing angemessen mit der Bibel umgeht.

1 Vorwort

Am Buß- und Bettag, dem 22. November 1967, hat die Bekenntnisbewegung ‚Kein anderes Evangelium' auf einer Kundgebung in Düsseldorf eine theologische Erklärung bekanntgegeben.

Der Bundesarbeitskreis hatte sich zu jenem klärenden Wort entschlossen, als immer mehr
5 Gemeindemitglieder nach einer eindeutigen Gegenüberstellung verlangten, um zwischen der biblischen Wahrheit und den Irrlehren der heutigen Zeitgeist-Theologie unterscheiden zu können …

Die Erklärung soll weder Ersatz noch Ergänzung zu den Bekenntnisschriften unserer Kirche sein. Vielmehr will sie gerade auf das geltende Bekenntnis der Kirche hinweisen, indem sie von
10 Schrift und Bekenntnis her moderne Irrlehren abwehrt. – In der Erklärung sind zwar nicht alle, aber doch die gefährlichsten und verbreitetsten theologischen Irrtümer unserer Zeit genannt …Vor allen Dingen aber darf die Erklärung nur das sagen, was die Schrift selbst offenbart und darum keine Spekulationen, theologische Hypothesen … enthalten …

Vor der Verlesung der Düsseldorfer Erklärung hatte Pfarrer Rudolf Bäumer folgende Worte an
15 die Versammlung gerichtet. Darum gibt es für niemanden unter uns eine andere Hilfe als diese, die unsere Väter im Hören auf die Schrift mit diesem Bekenntnis zusammenfassten: Christus allein – die Gnade allein – der Glaube allein!

Düsseldorfer Erklärung

„Der Herr ist mein Licht und mein Heil; vor wem sollte ich mich fürchten? Der Herr ist meines Le-
20 bens Kraft; vor wem sollte mir grauen?" (Ps 27,1)

Im Jahre des 450. Reformationsgedächtnisses wissen wir uns verpflichtet, den Gemeinden ein theologisches Wort zu sagen und ihnen inmitten kirchlicher Verwirrung eine klare Wegweisung zu bieten. Wir sehen seit langem zunehmend die Grundlage der evangelischen Lehre und Verkündigung durch theologische Meinungen bedroht, welche Schrift und Bekenntnis zuwider
25 laufen. Daher dürfen wir nicht schweigen.

Die folgende Erklärung beschränkt sich auf die Mitte des Christusbekenntnisses. Hier fällt die Entscheidung des Glaubens. Mit ihr steht und fällt die Existenz der Kirche.
DER HERR IST MEIN LICHT
1. „Niemand kann Jesus den Herrn heißen ohne durch den Heiligen Geist!" (1 Kor 12,3) „Der na-
30 türliche Mensch aber vernimmt nichts vom Geist Gottes, es ist ihm eine Torheit, und er kann es nicht erkennen, denn es muss geistlich verstanden sein!" (1 Kor 2,14)

Wir bekennen das Evangelium, daß Gott, der Heilige Geist, es uns schenkt, dem Zeugnis der Heiligen Schrift zu glauben und in Jesus den Sohn Gottes zu erkennen.

M3b | Düsseldorfer Erklärung der Bekenntnisbewegung „Kein anderes Evangelium" 1967

Es muß daher die falsche Lehre verworfen werden, eine wissenschaftliche Forschung könne
35 die Heilige Schrift ohne diese Gnade des Heiligen Geistes als Gottes Wort und als Urkunde seiner geschehenen Offenbarung sachgemäß verstehen und anerkennen …"

Auszug aus: Düsseldorfer Erklärung der Bekenntnisbewegung „Kein anderes Evangelium",
in: Kirchliches Jahrbuch für die Evangelische Kirche in Deutschland 1967, © Gütersloher Verlagshaus,
Gütersloh, in der Verlagsgruppe Random House GmbH 1969, 70–71.

1. Notieren Sie alle Aussagen, die die Düsseldorfer Erklärung über die Theologie (als Wissenschaft) und über die Bibel (Heilige Schrift) trifft.

2. Erläutern Sie das der Erklärung zugrunde liegende Verständnis der Bibel und den daraus folgenden angemessenen Umgang mit ihr.

3. Vergleichen Sie die Bedeutung, die der menschlichen Vernunft in Bezug auf Fragen der Religion bei Lessing und in der Düsseldorfer Erklärung zukommt. Nehmen Sie zu beiden Positionen kritisch Stellung.

_____

_____

_____

_____

_____

_____

Greifen Sie Lessings Anliegen einer von Toleranz bestimmten Diskussion und Wahrheitssuche auf.

1. Überarbeiten Sie Ihre These zu Ihrem Bibelverständnis (**M 1**) und begründen Sie Ihre Ansicht. Erläutern Sie Gemeinsamkeiten und Unterschiede zu den Positionen in **M 2** und **M 3**.

2. Führen Sie eine Podiumsdiskussion zu folgenden Problemstellungen:

   a) Die Heilige Schrift – offenbartes Wort Gottes – und/oder menschliches Glaubenszeugnis

   b) Auslegung der Bibel – geistgeleitet und/oder nach dem Maßstab der Vernunft

_____

_____

_____

_____

_____

_____

_____

_____

_____

Baustein 5:
Lutherrezeption im 19./20. Jahrhundert

1. Kirchengeschichtliche Einführung

Die Geschichte der Lutherrezeption umfasst eine große Vielfalt an Deutungen. Zumeist erfuhr der Reformator große Verehrung. Zahlreiche politische und religiöse Strömungen beriefen sich auf seinen Namen, entdeckten immer neue Facetten in seinem Werk, missbrauchten es aber auch, wie bspw. die Nationalsozialisten und Deutschen Christen im 20. Jahrhundert (Baustein 3).

Insbesondere im 19. Jahrhundert, aber auch im 20. Jahrhundert entstand eine wahre Flut von Lutherdenkmälern in ganz Deutschland. Die Gestaltung akzentuiert jeweils das Verständnis Luthers zu verschiedener Zeit. Dies verdeutlicht exemplarisch der Vergleich des 1883 anlässlich des 400. Geburtstages Luthers in Eisleben enthüllten Gedenksteins mit dem 100 Jahre später im bayerischen Weißenburg aufgestellten Lutherdenkmal. In Eisleben steht Luther auf hohem Sockel. Im Bewusstsein, den rechten Glauben gefunden zu haben, drückt er die geschlossene Bibel an sein Herz und ist im Begriff, die bereits zerknitterte Bannbulle des Papstes wegzuwerfen. Entschlossen und kämpferisch blickt er auf den Betrachter herab. Ende des 20. Jahrhunderts begegnet man Luther auf Augenhöhe. In der großen aufgeschlagenen Bibel liest der Betrachter das Wort aus Mt 16,26 „Was hülfe es dem Menschen, wenn er die ganze Welt gewönne und nähme doch Schaden an seiner Seele." Ein nachdenklich blickender Reformator fordert zum Gespräch heraus.

Die Verschiedenartigkeit des Umgangs mit Luther zeigen schlaglichtartig und repräsentativ ebenso zwei Reden, die anlässlich der Reformationsjubiläen 1817 und 1917 gehalten wurden. Die Ansprache des Philosophiestudenten Ludwig Rödiger anlässlich des Wartburgfestes 1817 ist ein eindrückliches Zeugnis für eine völlig unkritische Inanspruchnahme Luthers für die eigenen politischen Ziele. Rödiger hielt sie vor knapp 500 Studenten aus elf Universitäten in ganz Deutschland, die sich am 18. Oktober auf Einladung der Jenaer Burschenschaft in Eisenach versammelt hatten. Die studentische Bewegung war aufgrund der tiefen Enttäuschung über die politische Entwicklung nach den napoleonischen Befreiungskriegen entstanden. Der Wiener Kongress hatte weder die Hoffnung nach einem einheitlichen deutschen Staat erfüllt noch war es in der Folge zur erhofften Gewährung staatsbürgerlicher Freiheiten gekommen. Das Fest gilt als die „erste große politische Manifestation im Deutschland der Restaurationszeit."[1] Aus Anlass der 300. Wiederkehr der lutherischen Reformation 1517 und des vierten Jahrestages der Völkerschlacht bei Leipzig 1813 gaben die Teilnehmer ihren Forderungen nach nationaler Einheit Deutschlands und politischer Freiheit Ausdruck. Ihre Feier symbolisierte ein geeintes und liberales Deutschland. In metaphernreicher zeittypischer

---

1 Klaus Malettke, Zur politischen Bedeutung des Wartburgfestes im Frühliberalismus, in: 175 Jahre Wartburgfest 18. Oktober 1817–18. Oktober 1992, hrsg. v. Klaus Malettke, Heidelberg 1992, 17.

Rhetorik verklärt Rödiger auch Luther zum ‚Vaterlandshelden' und unermüdlichen Kämpfer für Wahrheit und Freiheit, dessen Werk und Ideale „erst mit der Verwirklichung der nationalen Unabhängigkeit und bürgerlichen Freiheit im Rahmen eines deutschen Kaiserreiches vollendet" werden[2]. Luthers Kampf gegen religiöse Bevormundung gilt als großes Vorbild und soll als Katalysator für die bürgerliche politische Emanzipationsbewegung dienen. Der scheinbar religiöse Anlass des Festes darf dabei allerdings nicht darüber hinweg täuschen, dass „Luther zur Unterstützung der eigentlich interessierenden politischen Ziele herangetragen wurde."[3] Später am Abend des 18. Oktober verbrannten einige Studenten ebenfalls unter Berufung auf Luthers Umgang mit der Bannandrohungsbulle 1.520 Uniformstücke und als reaktionär und undeutsch empfundene Schriften. Bereits 1819 wurden die Burschenschaften in den Karlsbader Beschlüssen verboten und konnten nur als Geheimbünde weiter existieren.

Ganz anders lautet der Festvortrag des Theologen und Kirchenhistorikers Karl Holl zum 400-jährigen Reformationsjubiläum 1917 in der Berliner Universität. Er trug den Titel: „Was verstand Luther unter Religion?" Holl vereinnahmte Luther nicht, sondern bemühte sich in intensiver Auseinandersetzung insbesondere mit seinen frühen Schriften, dessen Seelenzustände nachzuvollziehen und sein Gottesbild und Religionsverständnis zu erforschen. Sein Augenmerk galt der Frage nach der Beziehung zwischen Mensch und Gott. Dabei rückte erstmals wieder Luthers Rechtfertigungstheolo-

gie ins Zentrum des Interesses. „Die Schrecken des Gewissens gegenüber dem göttlichen Gebot und Zorn, die Anfechtungen und die Verzweiflung des Herzens, das nicht zum Glauben findet, und die befreiende Kraft des Glaubens, der sich Gottes so unglaubhaft erscheinender, bedingungsloser Gnade anvertraut, wurden mit größter Einfachheit und größtem Ernst als bleibende Erfahrung des Christen vergegenwärtigt."[4] Für Holl ist Luther der erste, der ein wirklich persönliches Verständnis von Religion formulierte und auf dieser Grundlage ethische Grundsätze verankerte.

Holl setzte Anfang des 20. Jahrhunderts neue Maßstäbe für die moderne, wissenschaftliche Lutherforschung. Trotz aller Grenzen seiner Lutherdeutung verdanken ihm alle neueren Richtungen der Lutherforschung entscheidende Impulse.

2. Lektürehinweise

Bernhard Lohse, Martin Luther, Eine Einführung in sein Leben und Werk, München [3]1997, 179–220.

Otto Kammer, Reformationsdenkmäler des 19. und 20. Jahrhunderts – Eine Bestandsaufnahme, Leipzig 2004.

Klaus Malettke, Zur politischen Bedeutung des Wartburgfestes im Frühliberalismus, in: 175 Jahre Wartburgfest 18. Oktober 1817–18. Oktober 1992, hrsg. v. Klaus Malettke, Heidelberg 1992, 9–30.

Heinrich Assel, Der andere Aufbruch – Die Lutherrenaissance, Göttingen 1994, 59–163.

---

2 Heinz Hermann Brandhorst, Lutherrezeption und bürgerliche Emanzipation, Studien zum Luther-/Reformationsverständnis im deutschen Vormärz (1815–1848) unter besonderer Berücksichtigung Ludwig Feuerbachs, Göttingen 1981, 38.

3 Lutz Winckler, Martin Luther als Bürger und Patriot. Das Reformationsjubiläum von 1817 und der politische Protestantismus des Wartburgfestes, Lübeck, Hamburg 1969, 62.

---

4 Heinrich Bornkamm, Luther im Spiegel der deutschen Geistesgeschichte, Heidelberg [2]1970, 77 f.

3. Didaktisch-methodischer Kommentar

M 1 Lutherdenkmäler im Vergleich

Die SuS betrachten die beiden Denkmäler eingehend und vollziehen deren Gestaltung ganzheitlich in Standbildern nach (Aufgabe 1). Der Vergleich der beiden Lutherdenkmäler aus dem 19. und 20. Jahrhundert lässt die SuS exemplarisch die Verschiedenheit der Lutherrezeption in Abhängigkeit vom Zeitgeist erkennen (Aufgabe 2). Sie vertiefen ihre Erkenntnisse durch die Gestaltung eines fiktiven Dialoges zwischen beiden Lutherfiguren. Die Aufgabe kann auch als Lernerfolgskontrolle dienen.

M 2 Rede des Studenten Ludwig Rödiger zum Wartburgfest 1817 in Eisenach

Durch eigene Recherche oder ein Schülerreferat informieren sich die SuS über das Wartburgfest und die Bedeutung des Ortes für Martin Luther (Aufgabe 1). Die Rede lässt erkennen, in welcher Weise das Wirken Luthers interpretiert und für die eigenen politschen Ideale in Dienst genommen wurde. Die SuS nehmen verschiedene Perspektiven ein und formulieren aus obrigkeitsstaatlicher (Aufgabe 2) und aus studentischer Sicht (Aufgabe 3) die Ziele der Bewegung und reflektieren die Art und Weise ihrer Berufung auf Luther. Die Aufgaben 2 und 3 können auch arbeitsteilig beantwortet werden.

M 3 Karl Holl: Was verstand Luther unter Religion? – Festvortrag vor der Universität Berlin am 31.10.1917

Die SuS vergleichen die verschiedenen Lutherbilder Karl Holls und Ludwig Rödigers (M 1, Aufgabe 1). Eine Zusammenfassung des Textes sichert das Verständnis der Rede Holls (Aufgabe 2). Die Übertragung der lutherischer Theologie im Verständnis Holls in ein anderes Medium, eine Zeichnung, vertieft die Erkenntnisse der SuS (Aufgabe 3).

Anknüpfend an Karl Holls Feststellung „wir berühren uns mit einem Lebendigen …" gestalten die SuS allein oder in Gruppenarbeit ihr eigenes Lutherdenkmal. Dies kann entweder in Form einer Skizze oder aufwendiger in Zusammenarbeit mit dem Kunstunterricht erfolgen. Die Aufgabe kann auch am Ende der gesamten Unterrichtseinheit als Zusammenfassung und Ergebnissicherung dienen.

Lutherdenkmal auf dem Marktplatz in Eisleben
(Thüringen), Luthers Geburtsstadt
Rudolf Siemering schuf es 1883, anlässlich
des 400. Geburtstages Martin Luthers.

Lutherdenkmal in Weißenburg (Bayern)
Martin Mayer schuf es 1983, anlässlich
des 500. Geburtstages Martin Luthers.

1. Vergleichen Sie die Gestaltung der beiden Lutherdenkmäler. Gehen Sie dabei auf die jeweilige Entstehungszeit ein.

2. Gestalten Sie paarweise Standbilder, in denen Sie Haltung und Gesichtsausdruck der jeweiligen Lutherfigur einnehmen.

3. Entwerfen Sie ein Gespräch zwischen den beiden Lutherfiguren, in dem sich diese darüber unterhalten, was sie beim Betrachter anstoßen wollen.

1 Zur Erinnerung an die lutherische Reformation 1517 und den Sieg über die napoleonische Fremdherrschaft in der Völkerschlacht bei Leipzig 1813 versammelten sich am 18. und 19. Oktober 1817
468 Studenten aus ganz Deutschland zum Wartburgfest in Eisenach. An historisch bedeutsamem
Ort gedachten sie der Überwindung von religiöser und politischer Fremdherrschaft. Sie verbanden
5 damit ihre eigenen Forderungen nach politischer Freiheit und nationaler Einheit Deutschlands:

„Rede gehalten am Feuer auf dem Wartenberge, am Abend des 18. Oct 1817. V.L. Rödiger, der
Philosophie Beflissenem.

So hat denn nach drei Jahrhunderten blutigen Kampfes dein wahrhaftiger Geist, o Luther,
Deutschlands Burschen abermals zusammengeführt, die sich Brüder fühlen herzlicher als je,
10 des deutschen Namens stolzer sich bewusst als je, um tief ergriffen von dem Umschwung dieser hoffnungsreichen Zeit ein lang verhaltenes Wort der Begeisterung zu geben und zu nehmen.

Aus allen Gauen des Vaterlandes stehen wir hier auf seinem freisten Boden, bei der Stätte und
in der Stunde deines heiligen Gedächtnisses, wo rings die ernsten Todesopfer der Vergangen-
heit mit allen ihren Schrecken und Segnungen, die Feuer der neuerbluteten Freiheit zum ewig
15 offenen Himmel dankend wirbeln, daß es hell ward und immer heller und freudiger werde im
Vaterland, und feiern endlich den Sieg der ewigen Wahrheit über knechtende Gedankenlosig-
keit, freier sich fortgestaltender Menschheit über bedeutungslosen knechtlichen Völkerschlaf.

Dem ewig jugendlichen Geist der Wahrheit und der Schönheit, dem neuerwachten unter uns,
und seiner schaffenden Gewalt, der dich [Martin Luther] zum Vaterlandshelden gürtete, hul-
20 digen auch wir auf künftige schönere Tage und weihen uns so mit vielen andern begeisterten
Herzen, fortzuführen dein Werk. Im hohen Beruf dieser Zeit, wo die Erde sich wieder reinigt und
die Völker sich beugen vor der winkenden Hand der wandellosen Allgerechtigkeit, stolz, daß
das hoffende Vaterland auch auf uns blickt mit Vertrauen, und alle bereit, Märtyrer zu werden
für seine heilige Sache, schließen wir hier von deinem Geist umwebt, einen reinen und starken
25 Bund, der sich ausbreiten und verjüngen möge von Gau zu Gau, von Geschlecht zu Geschlecht
und durch alle Adern des deutschen Landes die immer frischen Pulse eines wahrhaft glück-
lichen, gerechten und ehrenhaften Landes ströme voll Kraft und jugendlicher Schönheit. …

In der Noth versprach man uns, ein Vaterland zu geben, ein einiges Vaterland der Gerechtigkeit, aber der theuer erkaufte Bundestag ist noch nicht angebrochen und fast will es scheinen,
30 als sei das Volk glühend erwacht, die Herrlichen gefallen, damit hochmüthige Ideelosigkeit ein
Freudenmahl halte von dem letzten Bissen des Landes und näher in seinem Herzen hafte der
Stachel launiger Gewalttätigkeit und der Dolch tückischer Erbärmlichkeit für jetzt und die Zukunft; als verstehe sich das von selbst.

Nur *ein* Fürst[5] hat *fürstlich* sein Wort gelöst, allen andern ein Vorbild, allen Deutschen ein wahr-
35 haft deutscher Mann; derselbe, dessen Ahnen immer voran waren, wo es galt das Heldenschwert

---

5 Großherzog Carl August von Sachsen-Weimar (Förderer und Freund J.W. Goethes) stellte für das Fest die Wartburg
zur Verfügung. Als erster und bisher einziger deutscher Landesherr hatte er seinen Untertanen, so wie es auf dem
Wiener Kongress 1815 angekündigt worden war, 1816 eine Verfassung gegeben, die u.a. Versammlungs- und
Pressefreiheit garantierte.

Rede des Studenten Ludwig Rödiger zum Wartburgfest 1817 in Eisenach | M2b

zu ziehen für die Reinigkeit des Glaubens und die Gerechtigkeit, und die dem großen Luther hier eine Zuflucht öffneten, von wo aus er deutsch den Deutschen das Wort predigte und anzündete das Licht der weltdurchflammenden Wahrheit.[6] Unter seinem Schutz sind auch wir zusammengetreten, um auf dem freiesten, deutschen Boden ein freies deutsches Wort zu wechseln …

40   Wer bluten darf für das Vaterland, der darf auch davon reden, wie er ihm am besten diene im Frieden. So stehn wir unter freiem Himmel und sagen das Wahre und das Rechte laut. Denn die Zeit ist gottlob gekommen, wo sich der Deutsche nicht mehr fürchten soll vor den Schlangenzungen der Lauscher und dem Henkerbeil der Tyrannen und sich niemand entschuldigen muß, wenn er vom Heiligen und Wahren spricht. Würdiger können wir das Fest der Geistesfreiheit und

45 des befreiten Vaterlandes nicht feiern mit allen unseren Brüdern. Du aber, Mann Gottes, mit dem Flammenstrahl deiner Wahrheit, bist uns und ihnen ein anderer Tröster und ein ewiges sicheres Zeichen, daß der Tempel des Herrn nie zerfällt und die unsterblichen Ideen nie sterben unter den Völkern, und daß kein Menschengeist zu Schanden wird, der auf sie vertraut, die allein ewig sind wie Gott.

50   Sie liegen in der tiefsten Menschenbrust und knüpfen ihn an die Welt; eh' löschen aus alle Sonnen am Himmel, als sie vergehn. Sie sind die Strahlen und die Krone im Menschenleben und dem fluchen die Geschlechter, der sie verunreinigt und missbraucht; den segnen sie ewiglich, der den Muth hat und die Kraft, in den Kampf zu treten mit den Bösen der Erde und die Heiligen zurückführt. Darum segnen dich auch alle Völker, o Deutscher Luther, denen der Tröster ver-

55 sprochen ist. Der Heiland der Welt hat ihn am Kreuzestod von dem Vater erbeten; du hast den Verunreinigten gereinigt. Er hat gesiegt durch das Blut der Jahrhunderte und wir haben ihn besiegt mit dem dritten und letzten Sieg."

Auszug aus: Dr. D. G. Kieser, Das Wartburgfest am 18. October 1817 in seiner Entstehung, Ausführung und Folgen, Jena 1818, Hildesheim 2010 (DVD), Georg Olms Verlag AG, 114–126.

1. Informieren Sie sich über das Wartburgfest und die Bedeutung des Ortes.

2. Versetzen Sie sich in die Rolle eines Spitzels des preußischen Königs. Gehen Sie in Ihrem Bericht auf die Ziele der studentischen Bewegung und die Art und Weise ihrer Berufung auf Martin Luther ein.

3. Die studentische Bewegung nutzte bevorzugt Flugblätter, um ihre Ideen zu verbreiten. Entwerfen Sie ein Flugblatt, das an alle Studenten an deutschen Universitäten verteilt werden soll. Martin Luther soll darauf als Werbeträger dienen.

---

6 Luther lebte 1521 als Junker Jörg zehn Monate auf der Wartburg in Eisenach. Er übersetzte hier das Neue Testament erstmalig ins deutsche. Kurfürst Friedrich der Weise hatte seinen Landsmann, nachdem das Wormser Edikt die Reichsacht über ihn verhängt hatte, zu seinem Schutz heimlich auf seine Burg bringen lassen.

M3a | Karl Holl: Was verstand Luther unter Religion? – Festvortrag vor der Universität Berlin am 31.10.1917

1 „Hochansehnliche Versammlung!
Zum vierten Male vollendet sich für uns heute ein Jahrhundert, seitdem Luther durch den Anschlag der 95 Sätze eine neue Zeit für die Christenheit heraufgeführt hat … einen Größeren als ihn, oder auch nur einen ihm Ebenbürtigen hat der Protestantismus bisher nicht hervorge
5 bracht. … Wir halten keine Totenfeier, wenn wir Luther gedenken; wir berühren uns mit einem Lebendigen …"

Karl Holl, Was verstand Luther unter Religion? Tübingen 1917, 3.

„Ist Gott das schlechthin Erste und Überragende, so kann echte Religion nur dadurch entstehen, daß er sich dem Menschen fühlbar macht, mit seiner Schwere auf ihn drückt, ja ihn erdrückt. Es ist die Empfindung der ‚Majestät' Gottes des ‚Heiligen', wie man heute dafür sagt, die dann
10 auf den Menschen wirkt. Immer bedeutet diese Empfindung soviel wie, daß eine höhere Wirklichkeit vor dem Menschen auftaucht, die ihn aus seinem gewohnten Weltbild und aus der gewohnten Selbstverständlichkeit des eigenen Daseins herausreißt. Das Heilige drängt sich dem Menschen auf als etwas, das sich über das Gemeine erhebt und ihn zu sich selbst emporziehen möchte und das ihm doch sofort Grenzen setzt, wo er ihm ungescheut zu nahe kommen
15 wollte …
Die Furcht Gottes ist also der erste Schritt zur Religion. Der erste Schritt zu ihr, noch nicht sie selbst. Die *wirkliche* Religion fängt bei Luther erst da an, wo der Mensch in Einheit mit Gott steht. So lange die Furcht allein das Beherrschende ist, bleibt aller Gottesdienst nur Heuchelei, ja Verspottung Gottes. Denn das Herz ist dabei ferne von Gott. Der Mensch hasst notwen
20 dig seinen Ängstiger und Richter, so sehr es ihn wiederum darnach verlangen mag, Gott für sich zu haben.
Jedoch ist es möglich, von der Furcht vor Gott zum Bewusstsein der Gemeinschaft mit ihm zu gelangen, ohne daß der Ernst jener Grundempfindung verloren geht? …
Luther konnte, wenn es die Auseinandersetzung mit dieser Frage galt, seinerseits nur dazu
25 auffordern, jenem unmittelbaren Eindruck, der in dem Erschrecken vor Gott lag, *stillzuhalten* und sich ihn nach seinem Sinn und seinen tieferen Gründen zu *verdeutlichen* …
Was Luther in solcher äußerster Bedrängnis noch aufrecht hielt, war etwas überraschend Einfaches. Es war *das erste Gebot*. An dessen Anfangsworte, an das: ‚Ich bin der Herr, dein Gott'; hat er sich immer in seiner Todesnot geklammert. Nirgends wird so klar, wie an dieser Stelle, daß das
30 Gefühl eines Sollens die Grundlage seiner ganzen Frömmigkeit bildete und daß die Pflicht gegen Gott ihn als die erste unter allen Pflichten erschien. Ein *Gebot* ergreift er als das Letzte, gerade das Gebot, das ihn *richtet* – denn im ersten Gebot fasst sich die ganze Verpflichtung gegen Gott zusammen, *die* Verpflichtung, der er nicht genügt hat: Alle seine Sünde war ja als Ichsucht zuletzt *Unglaube* und Undank! – und er ergreift es, um es zunächst aufrichtig zusamt dem dar
35 aus ergebenden Gericht zu *bejahen* …

Es gilt vielmehr dem *zürnenden Gott ernsthaft standzuhalten;* nicht in einem gewissen Trotz, sondern so, daß man das den Menschen verwerfende Urteil Gottes – *und damit auch Gott selbst* – unentwegt als gerecht anerkennt.

40 Aber je ernsthafter sich Luther dazu entschließt, desto deutlicher vernimmt er aus dem selben Gebot heraus das Wort, das ihn aufrichtet. In dem Augenblick, wo Luther im Gefühl seiner Unwürdigkeit verzweifeln und vor Gott versinken möchte, tritt ihm die *Seite* des ihn richtenden Gebots scharf ins Bewusstsein, daß es als ein Befehl Gottes allezeit über ihm *bestehen bleibt.* Man muß ihm *immer* gehorchen. Immer, das will sagen: auch jetzt, wo dies als ganz unmöglich erscheint. Ja eben jetzt. Denn wenn ein Gebot schwer wird, dann ist gerade die richtige Zeit, es

45 zu erfüllen. Wollte er sich ihm jetzt entziehen, so würde er seine Sünde durch eine neue, noch größere vermehren. – Jedoch, in solcher Lage dem ersten Gebot gehorchen und so wie es fordert, ,Gott für seinen Gott zu haben', heißt auch, wie Luther nun empfindet, daran glauben, daß Gott trotz des Gerichts *seinerseits* die Gemeinschaft mit dem Menschen *festhält;* heißt erkennen, daß Gott den Schuldigen im Gericht zwar zerbrechen, aber doch vor sich leben lassen will. Das

50 schließt folgerichtig die Hoffnung der *Vergebung* ein. Denn man kann nicht vor Gott leben, ohne Vergebung der Sünde zu haben. So sieht Luther durch die Finsternis und den Sturm göttlichen Zorns in den Liebeswillen Gottes hinein. Er vernimmt, wie er es wundervoll ausdrückt, ,unter und über dem Nein das tiefe heimliche Ja, das Gott zu ihm spricht.'

Aus dieser Beschreibung des *Rechtfertigungsvorgangs* – denn was Luther hier schildert, ist

55 tatsächlich nichts anderes als die ,Rechtfertigung' – ist vor allem bezeichnend, wie streng Luther den Gedanken *ausschließt,* als ob hier nur der *natürliche Lebenswille* des Menschen sich aufbäumte, der es nicht glauben will, nicht glauben kann, daß er vernichtet werden soll und *darum* einem Gott, der ihn rettet, sich in die Arme wirft. So Gott ergreifen hieße nach Luther das Bewußtsein der Rechtfertigung auf Sand bauen. Nicht aus seinem eigenen unbesiegbaren Lebens-

60 drang, sondern aus einem während des Ringens ihm entgegentretenden *Gotteswillen* holt er die Gewißheit, daß er trotz seiner Sünde vor Gott dasein darf …"

Auszug aus: Karl Holl, Was verstand Luther unter Religion?, in: Kirchen- und Theologiegeschichte in Quellen, Bd. 5 (Das Zeitalter der Weltkriege und Revolutionen), hrsg. v. Martin Greschat und Hans-Walter Krumwiede, Neukirchen-Vluyn 1999, 37–39.

1. Erarbeiten Sie, welches Bild von Luther der Text zeichnet. Vergleichen Sie dieses mit **M 2**.

2. Fassen Sie die Abschnitte des Textes mit eigenen Worten zusammen.

3. Versuchen Sie, das Gottes- und Menschenbild, das Holl bei Luther findet, grafisch darzustellen.

4. Entwerfen Sie ein eigenes Lutherdenkmal. Begründen Sie Ihre Gestaltung.

Baustein 6:
Luther aus katholischer Sicht

1. Kirchengeschichtliche Einführung

Bis zum Beginn des 20. Jahrhunderts beherrschten Polemik, Vorurteile und undifferenzierte Verurteilungen sowohl das katholische Lutherbild als auch das Verhältnis zwischen der katholischen und protestantischen Konfession. Für Erstere galt Martin Luther im Allgemeinen als „Erzketzer" und „Zerstörer der Einheit des Christentums".[1] Eine sachliche Auseinandersetzung über Person und Werk schien geradezu unmöglich. Noch die großangelegte zweibändige Lutherdarstellung des Dominikanermönches Heinrich Denifle aus den Jahren 1904 und 1907 gibt davon beredtes Zeugnis. Denifles Anliegen ist es nach eigener Aussage Luther und „die einflussreichsten protestantischen Theologen einer scharfen Kritik zu unterziehen."[2] Seine These, „daß Luther seine Rechtfertigungslehre mit dem sola fide und dem sola gratia nur zu dem Zweck erfunden habe, um desto sorgloser und sicherer sein ausschweifendes Leben führen zu können, ist [indes] so haltlos, daß sie nicht ernst genommen werden kann."[3] In ironischem und polemischem Tonfall, mit dem Anspruch gegen alle protestantische Lutherverehrung der Wahrheit endlich zu ihrem Recht zu verhelfen, schildert Denifle Luther als moralischen Versager, dessen sogenannte reformatorische Entdeckung nichts weiter sei, als der Beginn eines für die Kirche folgenschweren Irrweges.

Wenige Jahre später begann unter katholischen Theologen ein grundlegendes Umdenken und spätestens mit Joseph Lortz' Buch ‚Die Reformation in Deutschland', erschienen 1939/40, änderten sich Niveau und Stil der Lutherforschung geradezu revolutionär. Wissenschaftlich solide Forschung und selbstkritische Blicke sowohl auf die mittelalterliche Kirche als auch auf die bisherige katholische Lutherforschung eröffneten einen neuen Blick auf Luthers Biografie und Werk. Zunehmend schwindet fortan die scheinbar so unüberwindliche Kluft zwischen katholischer Kirche und Luther. Peter Manns nennt anlässlich des großen Jubiläums 1983 Luther sogar einen „Vater im Glauben für die eine Kirche und die eine Christenheit".[4] Nicht alle gehen so weit, bei aller Würdigung sind die kritischen Anfragen an seine streitbare Persönlichkeit nicht zu überhören, „soviel ist jedoch sicher, daß die Wandlung des katholischen Lutherbildes in den letzten Jahrzehnten ein Beispiel für die Überwindung von Vorurteilen durch wissenschaftliche Untersuchungen ist und daß dieser Wandel auf jeden Fall die Beziehungen zwischen der katholischen und der evangelischen Kirche so nachhaltig beeinflusst hat, daß eine Rückkehr zu der alten

---

1 Bernhard Lohse, Martin Luther – Eine Einführung in sein Leben und Werk, München ³1997, 215.

2 Heinrich Denifle O. P., Luther und Luthertum in der ersten Entwicklung. Quellenmäßig dargestellt. Erster Band, Mainz am Rhein 1904, VIf.

3 Lohse, 215.

4 Peter Manns, Was macht Martin Luther zum ‚Vater im Glauben' für die eine Christenheit?, in: Martin Luther ‚Reformator und Vater im Glauben', hrsg. v. Peter Manns, Stuttgart 1985, 9.

verständnislosen Polemik nicht mehr möglich sein dürfte."[5] Auch auf Seiten der katholischen Amtskirche sind bei allen gegenwärtigen Schwierigkeiten im ökumenischen Prozess deutliche Schritte der Annäherung wahrzunehmen. Dafür zeugt beispielsweise die ‚Gemeinsame Erklärung zur Rechtfertigungslehre' aus dem Jahre 1999 (vgl. Baustein 1) wie die ausdrückliche Würdigung Martin Luthers durch Papst Benedikt XVI. während seines Deutschlandbesuches im September 2011. Das Oberhaupt der katholischen Kirche besuchte symbolträchtig das Augustinerkloster in Erfurt, in dem Martin Luther von 1505–1511 als Mönch gelebt und so Benedikt wörtlich in „tiefer Leidenschaft" (vgl. M 1) nach Gott gesucht hatte.

2. Lektürehinweise

Bernhard Lohse, Martin Luther. Eine Einführung in sein Leben und Werk, München [3]1997, 215–217.

Gottfried Maron, Die ganze Christenheit auf Erden, Martin Luther und seine ökumenische Bedeutung, Göttingen 1993, 136–141.

3. Didaktisch-methodischer Kommentar

M 1 Papst Benedikt XVI. zu Besuch in Erfurt im September 2011

Im Rahmen seiner Deutschlandreise besuchte Papst Benedikt XVI. symbolträchtig das Augustinerkloster in Erfurt. Die SuS untersuchen die wohlwollende, anerkennende Haltung des gegenwärtigen katholischen Kirchenoberhauptes zu Martin Luther. Durch eine Recherche zu Äußerungen des Papstes in Bezug auf Luther und die Ökumene während seines Besuches in Deutschland (Aufgabe 1) und das Erarbeiten

von Fragen an den Papst (Aufgabe 2) vertiefen sie ihre Kenntnis.

M 2 Heinrich Denifle: Luther und Luthertum in der ersten Entwicklung – Völlige Unklarheit der protestantischen Theologen über Wesen und Zeitpunkt von Luthers Veränderung

M 2 ist ein eindrückliches Beispiel für den jahrhundertelang andauernden traditionell verächtlichen Umgang mit Martin Luther in der katholischen Kirche. Die SuS analysieren die Position Heinrich Denifles (Aufgabe 1 und 2) und nehmen dazu kritisch Stellung (Aufgabe 2).

M 3 Peter Manns: Martin Luther, Ketzer und Vater im Glauben zugleich

M 3 zeigt den grundlegenden Wandel im Umgang mit Martin Luther in der katholischen Kirche. Die SuS analysieren die Position Peter Manns, nehmen dazu kritisch Stellung und bereiten als Lernerfolgskontrolle ein fiktives Streitgespräch zwischen beiden Theologen vor. Dabei vergleichen sie beide Positionen.

M 4 Schritte auf dem Weg zur ‚Einheit der Kirche'

Die unermüdliche Suche nach ‚Wahrheit' lässt Luther nach Peter Manns zu einem Vorbild für die Ökumene werden. Papst Benedikt XVI. äußerte sich während seines Deutschlandbesuches anerkennend über Martin Luther. In Auseinandersetzung mit Manns These und Benedikt XVI. Einstellung vertiefen die SuS grundlegende Positionen Martin Luthers und reflektieren ihr Verständnis des Reformators. Zugleich entwickeln sie ihre Vision einer weiteren ökumenischen Annäherung der gespaltenen westlichen Kirche. Die Aufgabenstellung kann auch als abschließende Lernerfolgskontrolle dienen.

---

5 Lohse, 217.

M1 | Papst Benedikt XVI. zu Besuch im Augustinerkloster in Erfurt im September 2011

1 Martin Luther lebte von 1505 bis 1511 als Mönch im Augustinerkloster in Erfurt. An diesem Ort betete, studierte und lehrte der spätere Reformator, hier rang er um die Erkenntnis des gnädigen Gottes. Papst Benedikt XVI. besuchte im September 2011 im Rahmen seiner Deutschlandreise das Kloster.

5 Benedikt XVI. … hatte den Ratsvorsitzenden der evangelischen Kirche mit einer durchaus evangelischen Predigt überrascht – nicht ohne Hintersinn: Luther habe sehr mit sich und seinen Sünden und Tugenden gerungen. Er wollte einen gnädigen Gott und sah die Menschen und sah sich immer wieder zum Bösen getrieben. Ergo, folgerte der Pontifex im Kapitelsaal, müsse „die brennende Frage Martin Luthers wieder neu und gewiss in neuer Form auch unsere Frage werden",

10 nämlich „wie steht Gott zu mir, wie stehe ich vor Gott?" Diese Frage dürfe nicht zur „Verdünnung des Glaubens" führen, sondern dazu, „ihn ganz zu leben in unserem Heute. Dies ist eine zentrale ökumenische Aufgabe." Luther habe in „tiefer Leidenschaft" nach Gott gefragt: Höflicher, freundlicher, anerkennender hat sich kaum je ein Papst über den Reformator geäußert.

Dr. Alexander Kissler, Ökumene: Papst predigt evangelisch und lobt Luther, aus: FOCUS Online, 23.09.2011, http://www.focus.de/politik/deutschland/tid-23726/oekumene-papst-predigt-evangelisch-und-lobt-luther_aid_668462.html

1. Recherchieren Sie im Internet weitere Äußerungen des Papstes zu Martin Luther und zur Ökumene während seines Deutschlandbesuches.

2. Formulieren Sie anschließend Fragen, die Sie Benedikt XVI. in Bezug auf Martin Luther gern stellen würden.

Heinrich Denifle: Luther und Luthertum in der ersten Entwicklung – Völlige Unklarheit der protestantischen Theologen über Wesen und Zeitpunkt von Luthers Veränderung

1 Was kann man von jenen Forschern erwarten, die nicht einmal wissen, welches der Punkt ist, von wo aus ihr Vater, der Vater der ‚evangelischen Reformation', auf die abschüssige Bahn gerieth? Und doch ist für eine Lutherforschung die Kenntniß jenes Punktes, in welchem Luther zuerst von der Kirchenlehre abgewichen ist, von kapitaler Wichtigkeit. Denn für's Erste wird in Folge da-
5 von der Forscher die Genesis von Luther's einzelnen Lehrpunkten entwickeln können, und diese selbst erscheinen in einem ganz anderen Lichte, wenn man weiß, wie sie entstanden sind, als wenn man darüber im Unklaren oder auf falscher Fährte ist. Sodann wird der Forscher der Wirklichkeit, der Wahrheit gerecht, ohne Luther Unrecht zu thun. Er wird ferner sichere Kritik üben können an Luther's Aussagen über den ersten Grund seines Abfalles, an seinen Aeußerungen
10 über die Schuld der Kirche und an seinem Pochen auf sein Recht. Durch Ermittelung des Zeitpunktes, *wann* Luther den ersten entscheidenden Schritt gethan, dem alle übrigen bis zu seinem förmlichen Bruche folgten, wird ein methodischer Forscher, welcher geradeaus geht, in vielen Fällen ein Kriterium zur Entscheidung wichtiger Fragen erhalten und sichere Perioden von Luther's Lehrentwicklung aufstellen können.

15 Die protestantischen Theologen sind bis heute weder über die Genesis von Luther's nachmaligem Abfall, noch über den Zeitpunkt derselben auch nur irgendwie in's Reine gekommen; was sie sämmtlich darüber sagen ist falsch und verworren. Es musste so kommen, aus dem einfachen Grund, weil sie Luther's späten Aussagen Glauben schenkten. Alles, was Luther je über sein früheres Leben gesagt, wird aneinander gereiht, ohne Spur von psychologischer Entwick-
20 lung. Diese Theologen gehen schon an die Lesung von Luther's Schriften mit fixen Ideen, die sie sich gebildet haben, oder die in ihnen gebildet wurden, Ideen, wie sie unter den Protestanten gang und gäbe sind. Niemand arbeitet voraussetzungsvoller als die protestantischen Theologen. Würden sie je Luther's Schriften voraussetzungslos gelesen haben – *wenn* sie diesselben je einmal gelesen haben; denn viele von ihnen nehmen die Stellen nur aus den Lutherbiographien und aus Abhandlungen – so würden sie, einigen Verstand ihrerseits vorausgesetzt, zu
25 demselben Resultat gelangt sein, wie ich.

Statt dessen ist ihr Schema – und sie haben es, von nebensächlichen Variationen abgesehen, alle – folgendes: Um Heil und Frieden des Herzen zu gewinnen, um den erzürnten Richter zu versöhnen, legte Luther die Gelübde ab, übte er Kasteiungen über Kasteiungen; trotzdem
30 unglückseliger Zustand, dunkle Stunden, keine Hilfe in Reue und Beichte, Schrecken vor dem zürnenden Richter, Verzweiflung, Vorgeschmack der Höllenstrafen. Dazwischen einige lichte Stunden, einige Tröstungen. Endlich begann es zu dämmern. Die Bibel rettete ihn. Jedes Anekdötchen über Luther's Zusammentreffen mit der Bibel, mag es noch so sehr Thatsachen und dem gesunden Sinn widersprechen, wird angenommen. Aber die Bibel rettete ihn. Nachdem
35 ihm diese eine Kundgebung des zürnenden Gottes war, was kein Wunder ist, da er in Schule und Kirche so gelehrt worden sei, lernt er in ihr den gnädigen Gott kennen, durch die Entdeckung nämlich der wahren Erklärung von Röm 1,17. So hatte er den Weg zum Frieden mit Gott gefunden.

M2b | Heinrich Denifle: Luther und Luthertum in der ersten Entwicklung – Völlige Unklarheit der protestantischen Theologen über Wesen und Zeitpunkt von Luthers Veränderung

Alle diese Sätze gründen sich auf Luther's Aussprüche. Aber weder die Quellen, noch die dar-
40 aus gezogenen Sätze wurden von den protestantischen Theologen controliert, oder mit kri-
tischem Auge angesehen. Sie *wollen* nicht, sie *dürfen* nicht; sie sind beherrscht von einer ge-
heimen Furcht, Luther breche unter dem kritischen Messer zusammen. Darum war es ihnen
unmöglich, zu einem Resultate zu gelangen. An Christus, dem Gottmenschen, wagten sie Kritik
zu üben, ... aber an Luther bis zum Jahre 1521 darf nicht gerüttelt werden. Hätten sie doch die
45 Kritik, die sie an dem Gottmenschen geübt, Luther widerfahren lassen!

Auszug aus Heinrich Denifle O.P., Luther und Luthertum in der ersten Entwicklung. Quellenmäßig dargestellt.
Erster Band, Mainz am Rhein 1904, 392–393.)

1. Analysieren Sie, wie Denifle Martin Luther und die protestantische Lutherforschung beurteilt.

2. Untersuchen Sie Anspruch und Ziel Denifles und nehmen Sie dazu Stellung.

1   Für Luther selbst besagt diese Einsicht, daß die Entdeckung der Wahrheit des Evangeliums in der Situation des 16. Jahrhunderts gegen eine tiefreichend korrumpierte Kirche nicht ohne Überspitzung und Vereinseitigung des insgesamt wahren und wegweisenden Reformansatzes möglich war.

5   Für uns aber enthält der Fall Luther die schmerzliche und demütigende Einsicht, daß wir erst nach Jahrhunderten zu erkennen vermögen, was in der Sache schon damals der Wahrheit entsprach; und daß wir es in einer Situation erkennen, in der uns die so spät erkannte Wahrheit unter zahlreichen neuen Gesichtspunkten immense Schwierigkeiten bereitet. Luther gerät hier unter eine Last, die offenkundig vor ihm alle authentischen ‚Väter im Glauben' zu tragen hatten. Um

10 der Wahrheit willen wird er zum ‚Häretiker' für eine Kirche, die seine situationsbedingten Spitzensätze aus der analogen Befangenheit nicht zu verstehen vermochte und die ihn aus ihrer Sicht als ‚Häretiker' bekämpfte und gleichsam aus Notwehr bekämpfen musste.

  Dies ließe sich in historischer Konkretheit an dem unseligen und folgenreichen Ablaßstreit darstellen. Theologisch zu Recht und mit ungewöhnlicher Treffsicherheit, aber ohne jede Dema-

15 gogie und revolutionäre Absicht greift Luther mit seinem Thesenpapier das Ablaßwesen an. Die für diese Entwicklung verantwortliche und überdies in den Ablaßhandel verstrickte Kirche ist zunächst völlig überfordert: Sie begreift nicht, warum über Nacht der bis dahin problemlos angenommene und von allen Beteiligten freudigst genutzte Ablaß plötzlich die Grundwahrheiten des Glaubens von der Sünde und Gnade, von der Buße und Beichte, vom Fegefeuer, vom uner-

20 schöpflichen Gnadenschatz Christi und der ihn unfehlbar verteilenden Vollgewalt des Papstes gefährden soll. Andererseits fühlen sich die Verantwortlichen in der Kirche bedroht und zu einer Abwehr gedrängt, die den Streitpunkt vom Ablaßunwesen auf die Unfehlbarkeit des päpstlichen und kirchlichen Lehramtes verlagert, um Luther unter Verweigerung des ständig reklamierten Sachgesprächs in die ‚Häresie' zu treiben. Die Folgen für Luther und die Kirche sind un-

25 absehbar schwer: Das *sola scriptura* erhält im Kampf eine Zuspitzung, die ihm vorher fremd war; von den Verteidigern … in die Enge getrieben, beginnt Luther, den vorher verehrten Papst als ‚Antichristen' zu fürchten und zu bekämpfen.

  Es ist in der Tat ‚eine Ironie der Geschichte' (H. Jedin), daß das Konzil von Trient erst in seiner allerletzten Sitzung ein ziemlich müdes und keineswegs erschöpfendes Ablaßdekret verab-

30 schiedet – und dies nur auf Drängen des Kaisers und gegen den erklärten Willen des Papstes. Aus dieser Sicht wird man dann Luther Recht geben, ohne der Papst-Kirche der Zeit jedes Verständnis zu versagen. Denn auch die durch das Ablaßunwesen korrumpierte Kirche lebte unangefochten weiter in dem Bewusstsein ‚Kirche Jesu Christi' zu sein. Belastet und betroffen durch die Schuld an der Entwicklung, die zum Ablaßwesen des 16. Jahrhunderts führte, war sie einer-

35 seits geschichtlich unfähig, das immense Problem im Sinne der Reform unmittelbar aufzuarbeiten; andererseits musste sie sich gegen Luther zur Wehr setzen, wenn sie sich nicht selbst aufgeben wollte. … Wie in Verbindung mit der im Glauben empfangenen Gerechtigkeit die ‚bleibende Sünde' ihre tödliche Macht verliert, so ändert im zweiten Fall auch die Häresie ihr Wesen in Verbindung mit der Wahrheit. Sie leugnet nicht mehr der Wahrheit, sondern dient ihr.

M3b | Peter Manns: Martin Luther, Ketzer und Vater im Glauben zugleich

40   Damit sollte klargestellt sein, daß die vorgetragene These weder Ausdruck einer hinterlistigen Apologetik ist noch einer ökumenischen Erschließung Luthers im Wege steht. Positiv illustriert sie vielmehr eindrucksvoll, wie Luther unter der Last der Geschichtlichkeit und in historisch scheinbar aussichtloser Situation sich als ‚Vater im Glauben' für die ‚eine Kirche' und die ‚eine Christenheit' bewährte. Für die Ökumene unserer Tage aber besagt dies, daß wir gerade in den

45 Spuren Luthers die uns gestellten Aufgaben zu lösen vermöchten. Denn es gibt nun einmal keinen Weg zur ‚Einheit der Kirche', der auf Kosten der ‚Wahrheit' und an ihr vorbei zum Ziele führte, mag uns auch die ‚einende Wahrheit' immer nur in gebrochener Gestalt und gleichsam im Zwielicht der Geschichtlichkeit begegnen.

Auszug aus Peter Manns, Was macht Martin Luther zum ‚Vater im Glauben' für die eine Christenheit?,
in: Martin Luther ‚Reformator und Vater im Glauben', hrsg. v. Peter Manns, Stuttgart 1985, 7–9.

---

1. Analysieren Sie, wie Manns Martin Luther und den Umgang der katholischen Kirche mit ihm beurteilt.

2. Untersuchen Sie Anspruch und Ziel Manns und nehmen Sie dazu kritisch Stellung.

3. Vergleichen Sie Denifles und Manns Aussagen. Bereiten Sie ein Streitgespräch zwischen Denifle und Manns vor.

1 Für die Ökumene unserer Tage aber besagt dies, daß wir gerade in den Spuren Luthers die uns
gestellten Aufgaben zu lösen vermöchten. Denn es gibt nun einmal keinen Weg zur ‚Einheit der
Kirche', der auf Kosten der ‚Wahrheit' und an ihr vorbei zum Ziele führte, mag uns auch die ‚einende Wahrheit' immer nur in gebrochener Gestalt und gleichsam im Zwielicht der Geschicht-
5 lichkeit begegnen.

Auszug aus Peter Manns, Was macht Martin Luther zum ‚Vater im Glauben' für die eine Christenheit?,
in: Martin Luther ‚Reformator und Vater im Glauben', hrsg. v. Peter Manns, Stuttgart 1985, 7–9.

Und dann, effektvoll am Schluss, gestand der Papst leise, mit einem Hauch Melancholie, er
könne die Blütenträume mancher Politiker und Ökumeniker nicht zum Reifen bringen. Es sei
‚ein politisches Missverständnis des Glaubens und der Ökumene', wenn man von ihm jetzt
einen Vertrag, ein Kompromisspapier, ein ganz spezielles ‚ökumenisches Gastgeschenk' er-
10 warte. Nein, die Ökumene werde wachsen und gedeihen und fortschreiten „durch tieferes Hi-
neindenken und Hineinleben in den Glauben." So entstehe eine Einheit, die trägt und dauert.
Der fromme Realismus störte die Harmonie keineswegs. Nikolaus Schneider stand auf und um-
armte Joseph Ratzinger, die Posaunen schmetterten noch einmal, beim Gruppenbild standen
hohe und höchste protestantische und katholische Repräsentanten freudig nebeneinander.
15 Die thüringische Ministerpräsidentin Christine Lieberknecht, eine evangelische Theologin, resü-
mierte im ZDF: Es sei ein ‚Fest des Glaubens und der gemeinsamen Freude' gewesen. Ökumene
komme voran, ‚wenn wir uns wechselseitig verstehen. Es hat wirklich gut getan.'

Das wird vermutlich bleiben von den zwei ökumenischen Stunden zu Erfurt: Eine noch immer gespaltene Christenheit, die jedoch gewillt scheint, die Gottesfrage neu, öffentlich und ge-
20 meinsam zu stellen. Ein Papst, der den Protestantismus als legitimen Weg zu Gott ansieht. Eine
EKD-Spitze, die auf jeden kulturkämpferischen Zungenschlag verzichtet hat. Und das Bild einer
heiteren Schar singender, betender Christen, die ihre gemeinsame Herausforderung durch die
säkulare Gesellschaft angenommen haben – ‚und wenn die Welt voll Teufel wär'. Das ist wahrlich
nicht wenig.

Dr. Alexander Kissler, Ökumene: Papst predigt evangelisch und lobt Luther, aus: FOCUS Online, 23.09.2011,
http://www.focus.de/politik/deutschland/tid-23726/oekumene-papst-predigt-evangelisch-und-lobt-luther_
aid_668462.html

1. Skizzieren Sie in kritischer Auseinandersetzung mit Manns These und Papst Benedikts
XVI. Einstellung mögliche Schritte auf dem Weg zur ‚Einheit der Kirche'.

Methodische Anregungen zur analytischen Erschließung von Texten

Die folgenden Anregungen sollen Ihnen helfen, längere, anspruchsvolle Texte gründlich zu lesen und inhaltlich zu analysieren.

Text lesen
- Lesen Sie den Text mehrfach.
- Kennzeichnen Sie den Text wie folgt:
! = Aussage habe ich verstanden
? = Hier möchte ich eine Frage stellen
+ = Aussage ist in meiner persönlichen Situation wichtig

Text gliedern
- Gliedern Sie den Text in Sinnabschnitte. Geben Sie jedem Abschnitt eine Überschrift, die das Wichtigste zusammenfasst.

Text markieren
- Unterstreichen Sie wichtige Textpassagen mit Bleistift. Prüfen Sie in einem weiteren Lesegang, ob Sie wirklich das Wichtigste ausgewählt haben. Radieren Sie überflüssige Unterstreichungen aus. Heben Sie Schlüsselbegriffe (nicht ganze Sätze!) farbig hervor. Unterstreichen Sie wichtige Erläuterungen zu diesen Schlüsselbegriffen.

Text visualisieren
- Visualisieren Sie wesentliche Aussagen und Zusammenhänge eines Textes in einem Schema.

Fragen zum Text formulieren
- Formulieren Sie Fragen, auf die der Text antwortet. Beantworten Sie diese Fragen mit eigenen Worten.

Text zusammenfassen
- Formulieren Sie mit eigenen Worten in zwei bis drei Sätzen die Kernthese des Textes.

Sie werden sehen: Die konsequente Anwendung dieses Rasters erleichtert Ihnen die Textarbeit erheblich. Viel Erfolg!